G. SIMON

VICTOR HUGO

ANNÉES D'ENFANCE

OUVRAGE ILLUSTRÉ DE 10 GRAVURES

PARIS

LIBRAIRIE HACHETTE ET Cie

79, BOULEVARD SAINT-GERMAIN, 79

PRIX: 2.00

VICTOR HUGO

ANNÉES D'ENFANCE

Dans une grande fête, un jour, au Panthéon,
J'avais sept ans, je vis passer Napoléon.

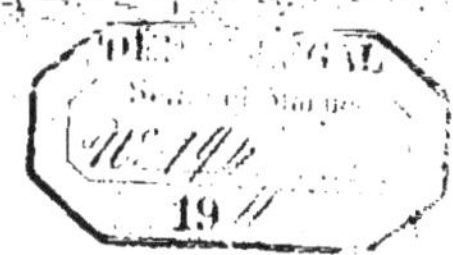

GUSTAVE SIMON

VICTOR HUGO

ANNÉES D'ENFANCE

OUVRAGE ILLUSTRÉ DE 10 GRAVURES

TROISIÈME ÉDITION

PARIS

LIBRAIRIE HACHETTE ET Cie

79, BOULEVARD SAINT-GERMAIN, 79

1911

A Paul Meurice.

Un livre sur Victor Hugo appartient, par droit de conquête, à l'ami le plus dévoué, au gardien le plus fidèle d'une grande mémoire.

Mais permettez-moi, mon maître, de l'offrir comme un hommage respectueux et comme un témoignage d'admiration à Paul Meurice, au poète si éloquemment inspiré, au délicat romancier, au puissant auteur dramatique, au penseur profond et généreux qui honore les lettres françaises par l'élévation, la vaillance et la noblesse de son talent.

INTRODUCTION

Ce livre est le récit de l'enfance et de l'adolescence de Victor Hugo. Le grand poète en est le principal collaborateur.

C'est dans ses poésies, dans ses romans, dans sa correspondance, dans ses livres, que nous avons puisé, pour les réunir, les grouper et les enchaîner dans un tableau d'ensemble, les éléments épars des aventures de son enfance.

C'est bien en effet un roman d'aventures où la réalité remplace la fiction.

Peu de vies ont été plus agitées et plus tourmentées, au début, que la sienne. Peu de vies se sont développées dans des circonstances plus dramatiques et parfois plus tragiques.

« L'enfant sublime » expliquera l'homme de génie.

On retrouvera en germe dans l'enfant toutes les promesses de gloire tenues par l'adolescent, et dans l'adolescent la préface des œuvres immortelles de l'homme fait.

Il apparaîtra tel qu'il est réellement avec sa sincérité, sa bonté, sa générosité, sa sensibilité, sa tendresse.

« La Bible est son livre. Virgile et Dante sont ses divers maîtres Toute son enfance, à lui poète, n'a été qu'une longue rêverie mêlée d'études exactes. C'est cette enfance qui a fait son esprit ce qu'il est[1]. »

1. Préface, *les Rayons et les Ombres.*

VICTOR HUGO

ANNÉES D'ENFANCE

I

SA NAISSANCE

Il n'est pas un coin de Paris où on ne rencontre le souvenir de Victor Hugo.

On le retrouve toujours et partout, dans les maisons qu'il habita, dans les monuments qu'il célébra, dans les quartiers qu'il peupla des personnages de ses romans ou des héros de ses livres d'histoire, dans les théâtres où l'on représenta ses drames.

Paris est bien sa ville à lui, il l'a racontée, il l'a aimée, il l'a chantée, il l'a glorifiée : le Paris des *Misérables*, le Paris du coup d'État, le Paris de la Révolution, le Paris de la guerre ; la Colonne, l'Arc de triomphe, Notre-Dame de Paris.

« Les tours de Notre-Dame étaient l'H de son nom », a dit Auguste Vacquerie.

On pourrait repasser toute sa vie et toute son histoire en parcourant les rues qu'il habita : rue de Clichy en 1805, rue

Saint-Jacques-du-Haut-Pas en 1808, impasse des Feuillantines en 1809, rue des Vieilles-Tuileries, rue des Petits-Augustins en 1813, rue du Cherche-Midi en 1814, rue de Mézières en 1821, et, après la mort de sa mère, rue du Dragon et rue du Vieux-Colombier avec son frère Abel. Il se marie et il s'installe rue du Cherche-Midi en 1822, puis rue de Vaugirard, rue Notre-Dame-des-Champs en 1828, rue Jean-Goujon en 1830, place Royale, aujourd'hui place des Vosges, à la fin de 1832, et jusqu'en 1848, provisoirement ensuite rue de l'Isly. Le Coup d'État le surprend rue de la Tour-d'Auvergne. Puis c'est l'exil de 1851 à 1870.

Il rentre à Paris à la chute de l'empire et habite chez Paul Meurice, avenue Frochot, puis rue de La Rochefoucauld, rue de Clichy et s'installe en 1878 avenue d'Eylau, aujourd'hui avenue Victor-Hugo, où il meurt en 1885. Chaque rue rappelle une date de sa glorieuse carrière, raconte une de ses œuvres. Dans chaque maison il y a un souvenir.

C'est à Besançon, sa ville natale, que sa trace est la plus fugitive.

Il y passe juste le temps nécessaire pour établir son état civil.

Était-il de noble lignée? N'avait-il au contraire comme ancêtres que des cultivateurs et des menuisiers? Ceux qui se passionnent pour ces recherches archaïques et qui ont le goût de cette chinoise érudition ont fouillé consciencieusement les archives afin de fixer cette botanique d'arbres généalogiques. Ils n'auraient peut-être pas mis tant d'ardeur à interroger de vieux parchemins s'ils avaient connu le dédain de Victor Hugo pour ces sortes de controverses. Il s'en est

La maison natale de Victor Hugo à Besançon. (Dessin de Gaston Coindre).

expliqué lui-même dans une lettre en réponse à M. Albert Caise, le 20 mars 1867 :

« Personnellement, je n'attache aucune importance aux questions généalogiques L'homme est ce qu'il est, il vaut ce qu'il a fait. Hors de là, tout ce qu'on lui ajoute et tout ce qu'on lui ôte est zéro. D'où mon absolu dédain pour les généalogies.

« Il y a dans ma famille un cordonnier et un évêque, des gueux et des monseigneurs. C'est un peu l'histoire de tout le monde.

« ...Si j'avais le choix de mes aïeux, j'aimerais mieux avoir pour ancêtre un savetier laborieux qu'un roi fainéant[1]. »

Son père, le général Hugo, était comte de l'empire ; il avait donc le droit de porter le titre de vicomte. Y tenait-il ? Comme on y tient quand on est jeune et quand on vit dans un milieu et à une époque où les titres de noblesse sont une sorte de passeport dans les salons et un aimable ornement dans un monde épris du panache et grisé par le prestige de l'étiquette.

Il naissait dans des circonstances à la fois douloureuses et dramatiques. Douloureuses, car il était petit, chétif, pas plus long qu'un couteau, disait sa mère, ayant à peine le souffle et laissant soupçonner, par sa pâleur, qu'il n'avait que quelques jours à vivre. Dramatiques, car il venait à l'heure où de grands événements agitaient l'Europe.

> Ce siècle avait deux ans. Rome remplaçait Sparte.
> Déjà Napoléon perçait sous Bonaparte
> Et du premier consul déjà, par maint endroit,
> Le front de l'empereur brisait le masque étroit.

1. *Correspondance.*

Alors dans Besançon, vieille ville espagnole,
Jeté comme la graine au gré de l'air qui vole,
Naquit d'un sang breton et lorrain à la fois
Un enfant sans couleur, sans regard et sans voix;
Si débile qu'il fut, ainsi qu'une chimère,
Abandonné de tous, excepté de sa mère,
Et que son cou ployé comme un frêle roseau,
Fit faire en même temps sa bière et son berceau.
Cet enfant, que la vie effaçait de son livre
Et qui n'avait pas même un lendemain à vivre,
C'est moi. —
      Je vous dirai peut-être quelque jour
Quel lait pur, que de soins, que de vœux, que d'amour,
Prodigués pour ma vie en naissant condamnée,
M'ont fait deux fois l'enfant de ma mère obstinée[1].

Il naissait dans une famille militaire, à l'heure où Napoléon promenait ses aigles triomphantes à travers le monde, où les trônes ébranlés devaient s'écrouler bientôt dans le fracas des guerres impériales. Et son enfance allait s'écouler au bruit de fanfares, de sifflements des balles, au milieu des camps vainqueurs, et plus tard vaincus.

Enfant, sur un tambour ma crèche fut posée,
Dans un casque pour moi l'eau sainte fut puisée;
Un soldat, m'ombrageant d'un belliqueux faisceau,
De quelque vieux lambeau d'une bannière usée
      Fit les langes de mon berceau[2].

1. *Odes et Ballades.*
2. *Feuilles d'automne.*

SES PREMIERS SOUVENIRS

C'EST donc la vie errante, la vie à l'aventure, la vie réglée par les hasards de la guerre, la vie d'épreuves et de périls ; mais un ordre est donné, le chef de bataillon Hugo doit obéir. Il est envoyé à Marseille.

Victor a six semaines à peine. Il faut quitter Besançon. Craintes, terreurs. Lui si délicat, si frêle, supportera-t-il le voyage ? Le Midi est clément. On hésite. Mais Marseille, c'est, au moins pour l'instant, un peu de repos, un peu de sécurité, peut-être une halte dans la carrière tumultueuse du soldat. On part. On arrive, on se rassure. Le voyage s'est bien effectué. Les semaines s'écoulent paisibles. Le commandant remplit fidèlement son devoir. Cette fidélité ne le garantit pas contre l'envie. L'envie engendre la calomnie. Et la calomnie amène la disgrâce. Le commandant est envoyé à l'île d'Elbe. Alors plus de répit, plus de repos. C'est la course d'île en île, tantôt à Porto-Ferrajo, tantôt à Bastia.

Victor a deux ans. Il est abattu, pâle, maigri encore par

cette vie de fatigues. Il est triste, il pleure. Et ce sont, chaque jour, les menaces d'un départ précipité, l'alerte sur le qui vive d'un ordre. On ne s'installe pas, on campe dans l'ignorance du lendemain.

Et en effet le père reçoit l'ordre d'embarquer son bataillon pour Gênes et de gagner à marches forcées l'Adige et l'armée d'Italie.

La mère s'alarme; le voyage est long; l'enfant dépérit. Pauvre roseau exposé à tous les orages ! Pendant deux ans elle a défendu sa fragilité. Maintenant, c'est la tourmente. Résistera-t-il ? Minutes d'angoisse. La mère préfère tout à ces périls sans cesse renaissants, même la séparation, si pénible qu'elle soit; le père veut avant tout la vie en commun, si aventureuse qu'elle paraisse. Ils n'osent s'avouer leurs désirs, leurs espérances ou leurs craintes. Ils se devinent. S'il doit y avoir un sacrifice, c'est lui, le père, qui doit le faire, lui qui se résignera.

Il partira seul et laissera sa femme et ses trois fils, Abel, Eugène et Victor, s'installer à Paris.

On se quitte. Mme Hugo rentre à Paris, loue un appartement rue de Clichy, 24. C'est à cette époque que remontent les plus lointains souvenirs de Victor.

Il se rappelle la cour de la maison, le puits, l'auge et le saule qui l'abritait. Il n'a pas oublié non plus qu'on le conduisait à l'école rue du Mont-Blanc, que, comme il était tout petit, on faisait plus attention à lui et qu'on le menait le matin dans la chambre de Mlle Rose, la fille du maître d'école, qui jouait avec lui.

Il se souvient encore de la représentation donnée pour la
fête du maître d'école, dans la classe. On jouait *Geneviève de
Brabant*. Mlle Rose avait le rôle principal, Geneviève, et lui,
en qualité du plus petit de l'école, il faisait l'enfant. Sa joie
fut d'avoir revêtu un maillot et une peau de mouton qui
laissait pendre une griffe de fer. Car il ne comprit pas un
traître mot à la pièce, il s'y ennuya fort, et il pinça même
Mlle Rose pour manifester son désir de quitter la scène, ce
qui fit qu'au moment le plus pathétique, on entendit Geneviève de Brabant dire à son fils : « Finis donc, petit vilain ! »

III

LE COMMANDANT HUGO ET FRA DIAVOLO

PENDANT que Victor jouait la comédie entre deux leçons à l'école de la rue du Mont-Blanc, le chef de bataillon Hugo guerroyait en Italie. Il jouissait alors de la faveur du frère de l'empereur, de Joseph Bonaparte, devenu roi de Naples ; il obtint même la mission de confiance de prendre Fra Diavolo, le principal chef des brigands, homme très redouté et très redoutable, acharné à reconquérir Naples pour son souverain détrôné, Ferdinand IV.

Cette chasse à l'homme, pleine de péripéties et de surprises, aventureuse, forcenée, épique, est devenue en quelque sorte légendaire. Quelle lutte acharnée! Le chef de bataillon Hugo parcourt la campagne, fouille la montagne, visite les gorges, divise ses troupes, leur assigne les positions, déployant toutes ses ressources de tacticien tenace et ingénieux, mais il a affaire à un ennemi rusé. Véritable ennemi fantôme que ce Fra Diavolo! On l'aperçoit près d'un fourré, il disparaît. On le retrouve, on le cerne, on va le tenir. Il s'échappe. On l'a à sa portée, on est sur le point de le saisir, le brouillard tout à coup l'enveloppe et le protège. On le voit toujours, on le voit partout. On ne parvient pas à le prendre. Il sort comme un diable d'une montagne, on le retrouve dans la plaine, puis il reparaît dans un fourré, il s'échappe dans un défilé. Acrobate souple, entreprenant, qui connaît toutes les trappes de la montagne, familiarisé avec les précipices, les gorges; toujours traqué et toujours libre, fondant comme un fauve sur ses ennemis, ou se sauvant comme un lièvre dans son terrier, évitant le plus souvent le combat où il sent bien qu'il succomberait, mais obligé parfois d'accepter la lutte, au hasard d'une rencontre. C'est alors la bataille à la baïonnette, à l'arme blanche, à coups de crosse. Ses compagnons tombent à côté de lui, mais il a fui. Et la chasse recommence toujours implacable. Songez! la tête mise à prix pour six mille ducats! Cette fois c'est la dernière rencontre, il va être pris, il paie d'audace, il lui reste une seule ressource : la ruse : il harangue ses hommes. Il est pressant, éloquent : « Je suis perdu, vous aussi; une seule chance de salut : garrottez-moi, liez-moi les pieds, les mains; ma tête a été mise à prix. Bonne aubaine pour vous. Il est juste que vous touchiez le salaire. Je suis votre prisonnier. Dites que vous me conduisez au colonel français chargé de vous payer la prime. »

La petite troupe conduisant l'homme garrotté se trouve en face du détachement français. Un officier interroge :

« Quel est cet homme?

— C'est Fra Diavolo.

— Livrez-le-nous.

— Oui, contre six mille ducats.

— On vous les donnera.

— Tout de suite!

—Non, au quartier général.

— Alors, nous ne le livrerons que contre la remise de la prime.

— Soit. Je vous donne cent hommes d'escorte. »

La petite troupe du bandit passe avec les cent hommes à l'arrière-garde; elle arrive dans un défilé, fait feu, jette la débandade dans l'escorte. Fra Diavalo rompt ses liens, regagne la montagne. La colonne le poursuit, le blesse; il s'échappe, mais cette fois seul; il craint une trahison, il erre dans la montagne, rencontre une cabane de berger. Il entre.

« Que demandez-vous?

—J'ai faim.

— Voilà mon dîner, des pommes de terre, je les partage avec vous.

— Je n'ai pas de logis.

— Voilà une botte de paille. »

Il mange, s'étend, s'endort et est brusquement réveillé par deux hommes qui le volent, s'emparent de ses armes et l'emmènent avec eux pour éviter une dénonciation. Mais le jour commence à poindre, ils craignent à leur tour d'être pris. Ils laissent là leur victime étendue dans la neige.

Le brigand se traîne jusqu'à un village chez un apothicaire.

« Que faites-vous là? dit l'homme défiant.

—Je souffre.

Fra Diavolo livré par ses compagnons au chef de bataillon Hugo.

— D'où venez-vous?

— De Calabre.

— Où allez-vous?

— A Naples. »

L'apothicaire lui fait boire de l'eau-de-vie. Les gardes nationaux entrent et demandent au bandit ses papiers.

« Mes papiers! mais on me les a volés.

— Vous n'avez pas de papiers! Nous vous arrêtons. »

On le conduit à Salerne; il est reconnu par un sapeur de Hugo et condamné à mort.

Le jour où les soldats de Hugo avaient livré la dernière bataille à Fra Diavolo, et l'avaient grièvement blessé, le bandit était définitivement vaincu et impuissant. Ce bel exploit valut au chef de bataillon le grade de colonel du Royal-Corse et le gouvernement de la province d'Avellino.

IV

EN ITALIE

L'ITALIE était pacifiée. Le colonel, séparé de sa femme et de ses enfants depuis deux ans, était impatient de les revoir. Il les rappela.

Mme Hugo quitta Paris à la fin d'octobre 1807.

Victor n'avait que cinq ans. Il ne lui reste que peu de souvenirs : celui de la diligence, d'un traîneau, et d'un robuste appétit aux exigences impérieuses. On était sur le mont Cenis, Victor ne s'en doutait guère. Il avait faim et il était dans un désert : une simple cabane posée là comme un nid; dans cette cabane un berger, mais pas la moindre victuaille. Plainte de l'estomac qui proteste contre la disette. Dans un coin un aigle que le brave homme vient de tuer.

Le haut Cenis dont l'aigle aime les rocs lointains.

Le berger montre l'aigle.

« De l'aigle! de l'aigle! crient les enfants; mangeons de l'aigle! »

L'homme fait rôtir les cuisses, que les enfants dévorent consciencieusement.

Victor Hugo, qui pendant le siège de Paris, en 1870, avait goûté à tous les animaux les moins comestibles de la création, se souvint sans doute qu'il avait, à cinq ans, mangé de l'aigle... avant de le chanter.

On avait repris les diligences; des visions singulières attirèrent l'attention des enfants. Au bord de la route, des têtes de bandits étaient piquées sur des bâtons; c'était le seul moyen d'intimider les autres pour leur montrer le sort que leur vaudraient leurs exploits.

Pour les petits voyageurs c'étaient de simples perruques comme on en rencontre chez les coiffeurs. On voulait leur persuader que c'étaient des têtes véritables. Impossible de les convaincre. Il fallut descendre de la diligence et voir les têtes de près.

L'atroce réalité alors apparut. Victor conserva pendant longtemps ce lugubre souvenir; il en parla souvent, et toujours avec horreur, une horreur qui lui resta si profondément gravée dans l'esprit qu'il était tout préparé à combattre plus tard avec la dernière énergie la peine de mort.

Après le cauchemar, le spectacle riant, le décor ensoleillé, la nature gaie et brillante, l'air embaumé, l'Italie, tant espérée, tant attendue.

> Vers l'Adige et l'Arno je vins des bords du Rhône;
> Je vis de l'Occident l'auguste Babylone,
> Rome toujours vivante au fond de ses tombeaux,
> Ruine du monde encor sur un débris de trône
> Avec une pourpre en lambeaux.

Puis Turin, puis Florence aux plaisirs toujours prête,
Naple aux bords embaumés où le printemps s'arrête
Et que Vésuve en feu couvre d'un dais brûlant,
Comme un guerrier jaloux qui, témoin d'une fête,
Jette au milieu des fleurs son panache sanglant[1].

Ce fut un cri de joie quand on arriva à Rome. La ville était en fête. La foule se dirigeait en longues files vers Saint-Pierre. Il fallut la suivre.

La place était noire de monde et se pressait vers l'église.

Les enfants voulurent y entrer. Ils s'extasièrent devant la hauteur de la coupole, et leur attention fut attirée par un saint Pierre en bronze assis sur un trône et entouré d'un grand nombre de fidèles. Ils s'approchèrent de la statue et baisèrent l'orteil usé par les lèvres des visiteurs.

Mais on ne pouvait pas s'attarder au milieu de toutes ces magnificences, on devait gagner Naples, et là encore le temps seulement de traverser la ville, une simple vision, un vertige, un éblouissement rapide. Le père les attendait à Avellino et avec quelle impatience! Il les reçut en grand uniforme au seuil de son palais, un palais de marbre lézardé par les tremblements de terre. L'uniforme produisit son effet d'admiration et de respect; les grandes salles semblaient superbes à côté des petites classes de la rue du Mont-Blanc. Victor avait sa chambre, et il éprouva un singulier effet d'optique. Il vit sur la muraille une bande de paysage avec des horizons infinis, la nature vraie, la nature vivante scellée là comme un tableau; le mur était crevassé, ouvrant un large jour sur les arbres et

1. *Odes et Ballades.*

les prairies : un rayon de poésie dans la petite chambre du futur poète.

La première occupation fut de visiter le palais, visite rapide, car on était pressé de respirer l'air et de voir le ciel bleu. Le site était pittoresque, entouré de ravins sur lesquels croissaient de gigantesques noisetiers; et Victor cueillait les énormes noisettes appelées avelines, du nom du pays. Il courait, montant, descendant, roulant, sans souci du danger, avec une indifférence absolue du vide, qu'il a d'ailleurs toujours conservée depuis.

Il jouissait avec bonheur du plein air, de la liberté et de l'oubli des premières leçons. Il rêvait de longs jours sous le beau ciel italien, mais il comptait sans le grand empereur qui poursuivait sa besogne à travers l'Europe et établissait sa domination sur le monde entier.

Joseph Bonaparte était à peine roi de Naples qu'il était aussitôt improvisé roi d'Espagne. Ce n'était pas là une simple promenade, un changement de villégiature, car il s'agissait, au prix de redoutables aventures, d'imposer à l'Espagne cette royauté étrangère. Pourquoi ne resterait-on pas en Italie? C'était la première pensée de Mme Hugo qui était installée là avec ses enfants depuis quelques mois. Le colonel était libre d'ailleurs de ne pas suivre Joseph Bonaparte. On n'avait pas songé une minute à lui imposer cette nouvelle épreuve, surtout après sa laborieuse campagne contre Fra Diavolo. Mais il crut deviner un désir et un regret. Et le scrupule de ne pas abandonner Joseph, son bienfaiteur, lui conseilla de renoncer à ses convenances pour obéir à son devoir de soldat. Il ne pouvait guère songer à emmener sa femme et ses enfants, à les exposer à un voyage plein de périls et dans un pays livré à la guerre. Il dut se résigner encore à suivre son chef et à quitter sa famille. Ce fut pour lui un serrement de cœur de la renvoyer à Paris au moment où il s'intéressait vivement à ses enfants, surtout à Victor qui l'avait étonné par sa précocité ; il écrivait à sa mère : « Victor, le plus jeune, montre une grande aptitude à étudier. Il est aussi posé que son frère aîné, et très réfléchi. Il parle peu et jamais qu'à propos. Ses réflexions m'ont plusieurs fois frappé. Il a une figure très douce. »

V

AUX FEUILLANTINES

On était en 1808. Mme Hugo, aussitôt arrivée à Paris, se logea rue Saint-Jacques-du-Haut-Pas. Un petit jardin l'avait attirée. Mais ce qui manquait à cet appartement, c'étaient les chambres pour les enfants. Il fallut déménager. Et, après quelques recherches, Mme Hugo découvrit à l'impasse des Feuillantines, n° 12, un ancien couvent abandonné, entouré d'un grand jardin :

> Le jardin était grand, profond, mystérieux,
> Fermé par de hauts murs aux regards curieux,
> Semé de fleurs s'ouvrant ainsi que des paupières
> Et d'insectes vermeils qui couraient sur les pierres,
> Plein de bourdonnements et de confuses voix;
> Au milieu presque un champ; dans le fond presque un bois.

Fleurs, fruits, parc, bois, verger. Ce fut un ravissement et une ivresse, une ivresse véritable, si on en croit l'historiographe, car c'était la saison des raisins, et les garçons eurent tant de familiarité avec les treilles qu'ils se grisèrent. Ce qui était une manière de témoigner sa satisfaction. On s'inquiétait fort peu de savoir s'il y avait des chambres. On aurait logé à la belle étoile, puisqu'à vrai dire on n'habitait presque exclusivement que le jardin, devenu la véritable salle de jeux.

Victor avait pourtant une chambre à lui. Il ne se préoccupa guère de l'ameublement ; mais un petit tableau dans un cadre noir suspendu à un mur l'avait vivement frappé. Il représentait la Mäusethurm, sorte de tour en ruines située aux environs de Bingen sur le Rhin et entourée d'une légende terrifiante : le soir quand il avait fait sa prière, avant de s'endormir, il regardait la tour, couverte de vapeurs et d'ombres, et l'image s'imprimait encore plus terrible dans son cerveau, à l'ombre de la nuit. Il aurait bien voulu savoir ce que signifiait cette tour, ce qu'elle pouvait bien abriter. Il avait une vieille servante allemande qui connaissait l'histoire et qui prenait des airs d'effroi, se signant, tremblant, clamant : « La Mäusethurm ! la Mäusethurm ! C'était un souvenir affreux, lugubre, de son pays, à Mayence. » Et elle raconta qu'autrefois « il y avait un méchant archevêque, nommé Hatto, qui était aussi abbé de Fuld, prêtre avare, disait-elle, *ouvrant plutôt la main pour bénir que pour donner*; que, dans une année mauvaise, il acheta tout le blé pour le revendre fort cher au peuple : car ce prêtre voulait être riche; que la famine devint si grande que les paysans mouraient de faim dans les villages du Rhin. Qu'alors le peuple s'assembla autour du burg de Mayence, pleurant et demandant du pain que l'archevêque refusa. Ici l'histoire devient horrible.

« Le peuple affamé ne se dispersait pas et entourait le palais
de l'archevêque en gémissant Hatto, ennuyé, fit cerner les
pauvres gens par ses archers qui saisirent les hommes et les
femmes, les vieillards et les enfants, et enfermèrent cette
foule dans une grange à laquelle ils mirent le feu. Ce fut,
ajoutait la bonne vieille femme, *un spectacle dont les
pierres eussent pleuré.* Hatto n'en fit que rire. Et comme
les misérables, expirant dans les flammes, poussaient des
cris lamentables, il se prit à dire : *Entendez-vous siffler les
rats?* Le lendemain, la grange fatale était en cendres. Il n'y
avait plus de peuple dans Mayence, la ville semblait morte
et déserte quand tout à coup une multitude de rats pullulant
dans la grange brûlée, comme les vers dans les ulcères d'As-
suérus, sortant de dessous terre, surgissant d'entre les pavés,
se faisant jour aux fentes des murs, renaissant sous le pied
qui les écrasait, se multipliant sous les pierres et sous les
massues, inondèrent les rues, la citadelle, le palais, les caves,
les chambres et les alcôves. C'était un fléau, c'était une plaie.
C'était un fourmillement hideux. Hatto, éperdu, quitta
Mayence et s'enfuit dans la plaine : les rats le suivirent par-
dessus les murailles et entrèrent dans Bingen. Alors l'archevêque fit bâtir une tour au milieu du Rhin et s'y réfugia à
l'aide d'une barque autour de laquelle dix archers battaient
l'eau. Les rats s'y jetèrent à la nage, traversèrent le Rhin,
grimpèrent sur la tour, rongèrent les portes, le toit, les fenêtres, les planches et les plafonds et, arrivés enfin jusqu'à la
basse-fosse où s'était caché le misérable archevêque, l'y
dévorèrent tout vivant. Maintenant la malédiction du ciel et

l'horreur des hommes sont sur cette tour, qui s'appelle la Mäusethurm [1]. »

On se doute du sentiment d'effroi que le récit de la vieille servante produisit sur l'esprit du jeune Victor. Il en conserva pendant longtemps l'impression. Il donna même le nom de Hatto à l'un de ses personnages des *Burgraves*; il fit un dessin saisissant de cette tour le 27 septembre 1840, et dans son premier voyage sur le Rhin, en 1838, il voulut voir la Musethurm pour vérifier le récit de la servante; et la Tour des rats lui apparut aussi effrayante que dans ses rêves d'enfant.

1. *Le Rhin.*

VI

LES JEUX

A côté du rêve effrayant il y avait le rêve charmant, ce séjour aux Feuillantines où l'on vivait dans les fleurs, où l'on cueillait les boutons d'or, où l'on entendait chanter les oiseaux dans l'ignorance des drames qui se déroulaient dehors, et dont on recueillait seulement un écho passager quand un général ami venait au monastère entre deux batailles :

> . . . . Nous étions tout enfants,
> Notre mère disait : Jouez, mais je défends
> Qu'on marche dans les fleurs et qu'on monte aux échelles.
>
> Abel était l'aîné. J'étais le plus petit.
> Nous mangions notre pain de si bon appétit
> Que les femmes riaient quand nous passions près d'elles.
>
> Nous montions pour jouer au grenier du couvent,
> Et là, tout en jouant, nous regardions souvent
> Sur le haut d'une armoire un livre inaccessible.
>
> Nous grimpâmes un jour jusqu'à ce livre noir ;
> Je ne sais pas comment nous fîmes pour l'avoir,
> Mais je me souviens bien que c'était une Bible.

Ce vieux livre sentait une odeur d'encensoir.
Nous allâmes ravis dans un coin nous asseoir.
Des estampes partout! Quel bonheur! Quel délire!

Nous l'ouvrîmes alors tout grand sur nos genoux,
Et dès le premier mot il nous parut si doux
Qu'oubliant de jouer nous nous mîmes à lire.

Nous lûmes tous les trois ainsi tout le matin,
Joseph, Ruth et Booz, le bon Samaritain,
Et, toujours plus charmés, le soir nous le relûmes.

Tels des enfants, s'ils ont pris un oiseau des cieux,
L'appellent en riant et s'étonnent, joyeux,
De sentir dans leurs mains la douceur de ses plumes [1].

Les trois enfants ne passaient pas tout leur temps à lire la
Bible, ils faisaient la chasse aux insectes, aux papillons, mais
quand ils revenaient las, le soir, baisés à pleine joue par leur
mère :

Elle grondait : Voyez comme ils sont faits ces hommes!
Les monstres, ils auront cueilli toutes nos pommes :
          Pourtant nous les aimons.

Madame, les garçons sont les soucis des mères,
Car ils ont la fureur de courir dans les pierres,
          Comme font les démons.

Puis un même sommeil nous berçant comme un hôte,
Tous deux au même lit nous couchait côte à côte;
          Puis un même réveil.

Puis, trempé dans un lait sorti chaud de l'étable,
Le même pain faisait rire à la même table
          Notre appétit vermeil,

1. *Les Contemplations.*

Et nous recommencions nos jeux, cueillant par gerbe
Les fleurs, tous les bouquets qui réjouissent l'herbe,
     Le lys à Dieu pareil,

Surtout ces fleurs de flamme et d'or qu'on voit si belles
Luire à terre en avril comme des étincelles
     Qui tombent du soleil [1].

1. *Les Voix intérieures*.

VII

A L'ÉCOLE

Mme Hugo avait mis Abel au lycée, et elle avait laissé ses
deux plus jeunes enfants, Eugène et Victor, courir,
pendant les premiers jours, comme de jeunes cerfs en liberté,
piétiner les plates-bandes, et mettre leurs pantalons en lambeaux. Mais il fallait songer à leur instruction. Elle les envoya
à une école de la rue Saint-Jacques, tenue par un ancien
prêtre, un ancien oratorien, le père La Rivière, qui, par
crainte de la Révolution, s'était marié; brave homme « naïf
comme un savant, malin comme un enfant », qui enseignait
aux enfants d'ouvriers la lecture, l'écriture et un peu d'or-
thographe. Il n'eut pas grand effort à apprendre la lecture à
Victor qui savait déjà sans avoir rien appris, rien qu'en ayant
regardé les lettres. Ses premières études ne furent pas très
pénibles; elles étaient d'ailleurs coupées par de nombreuses
récréations, et les parties dans le jardin des Feuillantines
étaient embellies par la venue d'une charmante petite fille,

Adèle Foucher, et de son frère Victor, que Mme Foucher, leur mère, grande amie de Mme Hugo, amenait journellement.

On avait installé une balançoire, une escarpolette, comme on disait autrefois,

Qui d'un vieux marronnier fait crier le squelette,

et on s'élançait dans les airs aussi haut qu'on pouvait; on voiturait aussi Mlle Adèle dans une brouette en lui bandant les yeux, et on lui imposait l'obligation de dire dans quel coin du jardin elle se trouvait; on avait aussi des oiseaux en cage avec lesquels on entamait des conversations, et on traçait des petits jardins, à soi, pour soi, où on plantait ses fleurs favorites. Ah! ces oiseaux, ces jardinets, que de chagrins, que de colères ils ont causés!

> Lorsque j'arrivais chez ma mère, souvent,
> Grâce au hasard taquin qui joue avec l'enfant,
> J'avais de grands chagrins et de grandes colères.
> Je ne retrouvais plus, près des ifs séculaires,
> Le beau petit jardin par moi-même arrangé;
> Un gros chien en passant avait tout ravagé,
> Ou quelqu'un dans ma chambre avait ouvert mes cages
> Et mes oiseaux étaient partis pour les bocages,
> Et, joyeux, s'en étaient allés de fleur en fleur
> Chercher la liberté bien loin, — ou l'oiseleur.
> Ciel! alors j'accourais rouge, éperdu, rapide,
> Maudissant le gros chien, le jardinier stupide
> Et l'infâme oiseleur et son hideux lacet,
> Furieux! — D'un regard ma mère m'apaisait [1].

Mais il y avait un petit jeu moins pacifique que la partie de colin-maillard avec Adèle ou que le tracé de jardinets dans le grand, c'était la petite guerre.

1. *Les Rayons et les Ombres.*

Pour faire une niche au « jardinier stupide » les enfants déracinaient les échalas. Avec ces grands pieux ils pouvaient, pensaient-ils, jouer à la guerre : n'étaient-ce pas là de superbes lances avec lesquelles on pourrait se porter de rudes coups? mais il fallait cependant pouvoir défendre et attaquer quelque chose? Construire une forteresse? — Quel travail! — mais au fait pourquoi pas la niche aux lapins? Elle est superbe cette niche, elle a trois gradins. La niche sera la place forte. Maintenant il s'agit de décider qui la défendra et qui l'attaquera. Le plus simple, pour ne pas se disputer, était de tirer au sort celui qui se mettrait sur le gradin supérieur; et après cette opération, les autres, qui restaient en bas, livraient l'assaut.

Les lapins ne devaient guère goûter ces exercices un peu trop bruyants, mais en revanche les pantalons laissaient apparaître de béantes meurtrissures. Ce qui ne ravissait pas Mme Hugo. On supprima donc les échalas. Les pantalons, malgré cette défense, n'en subissaient pas moins de nouvelles avaries. Mme Hugo chercha donc comment elle pourrait remédier à ces désastres. Elle usa d'abord de remontrances. Ce qui fut insuffisant.

Elle choisit alors du gros drap, un drap solide; mais le drap cédait; ni le drap, ni les remontrances n'étaient capables de résister à la fureur des jeux, Mme Hugo était désarmée. Quel parti prendre? Elle eut alors une idée, les petits ont de l'amour-propre. Le vrai moyen de les réduire à l'obéissance c'est de les humilier. Or que pouvait-il y avoir de plus humiliant que de porter des pantalons en cuir? C'est laid, disgracieux, lourd, presque ridicule. Mme Hugo, grave et solennelle, les appela et leur dit : « si vous continuez à mettre vos pantalons en lambeaux, eh bien je vous en ferai faire comme aux dragons, c'est décidé ».

La menace était nette : mais elle provoqua surtout un certain ahurissement.

Un jour en rentrant de l'école, les enfants rencontrèrent un escadron de beaux hommes à cheval.

« Comme ils sont beaux! dit Victor, quels uniformes magnifiques! Qu'est-ce que c'est?

— Des dragons », répondit la bonne.

Victor rentra à la maison, il courut aussitôt dans le jardin.

Lui d'ordinaire si gai, si bruyant, on ne l'entendait pas, on ne savait même pas ce qu'il était devenu. Mme Hugo le chercha partout. Elle le découvrit enfin derrière un massif. Il était là, assis par terre, bien tranquille, élargissant consciencieusement avec un couteau les jours de son pantalon.

« Eh bien! mais qu'est-ce que tu fais là? dit la mère.

— Tu le vois. Tu m'as dit que si je déchirais encore mon pantalon, tu m'en ferais faire un comme aux dragons.

— Oui certes.

— Eh bien. Je viens de voir des dragons et je veux avoir un pantalon comme eux. »

VIII

IL VOIT NAPOLÉON

Victor n'était pas absorbé seulement à cette époque par les leçons du père La Rivière et par les jeux; il réfléchissait souvent, longuement : il avait dans les oreilles les bruits de guerres et de victoires, et surtout le nom de Napoléon qui lui apparaissait comme un être surhumain. Il voulait à tout prix le voir. Mais comment? On ne le quittait pas; un beau jour, il avait sept ans, il n'hésita pas à tromper la vigilance maternelle pour se trouver sur le passage de son héros. C'était en 1809.

> Dans une grande fête, un jour, au Panthéon,
> J'avais sept ans, je vis passer Napoléon.
> Pour voir cette figure illustre et solennelle,
> Je m'étais échappé de l'aile maternelle,
> Car il tenait déjà mon esprit inquiet,
> Mais ma mère, aux doux yeux, qui souvent s'effrayait
> En m'entendant parler guerre, assauts et bataille,
> Craignait pour moi la foule à cause de ma taille.

Et ce qui me frappa, dans ma sainte terreur,
Quand au front du cortège apparut l'empereur,
Tandis que les enfants demandaient à leurs mères
Si c'est là le héros dont on fait cent chimères,
Ce ne fut pas de voir tout ce peuple à grand bruit
Le suivre comme on suit un phare dans la nuit,
Et se montrer de loin sur sa tête suprême,
Le chapeau tout usé plus beau qu'un diadème;
Ni pressés sur ses pas, dix vassaux couronnés
Regarder en tremblant ses pieds éperonnés,
Ni ses vieux grenadiers, se faisant violence,
Des cris universels s'enivrer en silence;
Non, tandis qu'à genoux la ville tout en feu,
Joyeuse comme on est lorsqu'on n'a qu'un seul vœu,
Qu'on n'est qu'un même peuple et qu'ensemble on respire,
Chantait en chœur : *Veillons au salut de l'empire!*
Ce qui me frappa, dis-je, et me resta gravé,
Même après que le ori sur sa route élevé
Se fut évanoui dans ma jeune mémoire,
Ce fut de voir, parmi ces fanfares de gloire,
Dans le bruit qu'il faisait, cet homme souverain
Passer muet et grave ainsi qu'un dieu d'airain [1].

1. *Les Feuilles d'automne.*

LE GÉNÉRAL LAHORIE

C'ÉTAIT à cette époque qu'il était arrivé jusqu'à la solitude des Feuillantines comme une rumeur de gloire; les canons tonnaient pour célébrer quelque victoire; la ville était en feu; des fusées de feu d'artifice rayaient les airs, une lueur rouge embrasait le ciel.

« Le Val-de-Grâce, masse noire, dressait une flamme à son sommet et semblait une tiare qui s'achève en escarboucle,... le Panthéon gigantesque et spectral avait autour de sa rondeur un cercle d'étoiles, comme si, pour fêter le génie, il se faisait une couronne des âmes de tous les grands hommes auxquels il est dédié. »

Victor était surpris : il fut distrait de sa rêverie quand trois visiteurs vinrent voir sa mère. C'étaient trois camarades de son père. On se rendit dans le jardin. On marchait dans les allées en causant. Mme Hugo avait fait un effort pour ramener ses visiteurs du côté de la maison, mais on approchait de la chapelle dont l'abord avait été sévèrement interdit aux enfants. Cette défense les avait toujours étonnés ; mais ils n'en avaient jamais demandé la raison. Victor, qui avait vu le mouvement de sa mère, suivait à quelques pas.

« Comme ils allaient entrer sous les arbres, un des trois interlocuteurs s'arrêta et regardant le ciel nocturne plein de lumière, s'écria :

« — N'importe ! cet homme est grand. »

« — Une voix sortit de l'ombre et dit :

« — Bonjour, Lucotte ; bonjour, Drouet ; bonjour, Tilly ».

« Et un homme, de haute stature aussi, leur apparut dans le clair-obscur des arbres.

« Les trois causeurs levèrent la tête.

« — Tiens ! », s'écria l'un d'eux.

« Et il parut prêt à prononcer un nom. Ma mère, pâle, mit un doigt sur sa bouche.

« Ils se turent.

« Je regardais étonné.

« L'apparition, c'en était une pour moi, reprit :

« — Lucotte, c'était toi qui parlais ?

« — Oui, dit Lucotte.

« — Tu disais : Cet homme est grand.

« — Oui.

« — Eh bien, quelqu'un est plus grand que Napoléon.

« — Qui ?

« — Bonaparte. »

« — Il y eut un silence. Lucotte le rompit.

« — Après Marengo.

« L'inconnu répondit :

« — Avant Brumaire. »

« — Le général Lucotte, qui était jeune, riche, beau, heureux, tendit la main à l'inconnu :

« — Toi ici! Je te croyais en Angleterre. »

« L'inconnu, dont je remarquais la face sévère, l'œil profond et les cheveux grisonnants, repartit :

« — Brumaire, c'est la chute.

« — De la République, oui.

« — Non, de Bonaparte. »

« — Ce mot, Bonaparte, m'étonnait beaucoup. J'entendais toujours dire « l'empereur ». Depuis j'ai compris ces familiarités hautaines de la vérité. Ce jour-là, j'entendais pour la première fois le grand tutoiement de l'histoire.

« Les trois hommes — c'étaient trois généraux — écoutaient stupéfaits et sérieux. Lucotte s'écria :

« — Tu as raison. Pour effacer Brumaire, je ferais tous les sacrifices. La France grande, c'est bien ; la France libre, c'est mieux.

« — La France n'est pas grande si elle n'est pas libre.

« — C'est encore vrai. Pour revoir la France libre, je donnerais ma fortune. Et toi?

« — Ma vie », dit l'inconnu.

« Il y eut encore un silence. On entendait le grand bruit de Paris joyeux, les arbres étaient roses, le reflet de la fête éclairait les visages de ces hommes, les constellations s'effaçaient au-dessus de nos têtes, dans le flamboiement de Paris illuminé, la lueur de Napoléon semblait remplir le ciel.

« Tout à coup, l'homme si brusquement apparu se tournant vers moi qui avais peur et me cachais un peu, me regarda fixement, et me dit :

« — Enfant, souviens-toi de ceci : avant tout la liberté. »

« Et il posa sa main sur ma petite épaule, tressaillement que je garde encore.

« Puis il répéta :

« — Avant tout la liberté. »

« Et il rentra sous les arbres, d'où il venait de sortir[1] ».

Cet homme était Victor Fanneau de Lahorie, qui connut le général Hugo en Vendée et dont il était resté l'ami. Il était condamné à mort pour avoir conspiré avec Moreau contre Bonaparte. Mme Hugo lui avait donné asile et l'avait caché dans la vieille chapelle des Feuillantines. Il venait tout à coup de sortir de sa retraite.

Mme Hugo avait recommandé à ses enfants le secret : à partir de ce jour, Lahorie se promenait dans le jardin, dînait à la table de famille, faisait réciter les leçons aux enfants, mais ne sortait pas. Victor savait que cet homme était son parrain; mais il ignorait son nom.

Lahorie vécut pendant dix-huit mois aux Feuillantines. Quoiqu'il fût entouré par Mme Hugo d'une vive et sincère affection, qu'il pût se distraire en donnant des leçons aux enfants, il lui était pénible de vivre entre quatre murs et de borner son horizon aux allées du parc du vieux couvent. L'empereur était à ce moment heureux et triomphant; ne pouvait-il

1. *Actes et Paroles.*

lui montrer un peu de magnanimité en ne songeant plus à l'inquiéter? Lahorie se berçait de cette espérance. Un jour, son ami, le général Bellavesne, qui avait suggéré à Mme Hugo l'idée de recueillir le condamné, vint aux Feuillantines apporter une grande nouvelle. Il prit Mme Hugo à part et lui fit cette confidence : j'ai dîné hier au ministère de la Police, on m'a donné les plus formelles assurances que Lahorie n'avait plus rien à craindre, que l'empereur se jugeait maintenant assez fort pour pardonner à ses ennemis. Lahorie peut donc sortir librement. Je vais le lui dire.

« Gardez-vous-en bien, répliqua Mme Hugo, c'est un piège.

— Mais si on lui en parlait?

— Vous le connaissez, il serait capable de croire à la sincérité de ces promesses, et sa trop grande confiance lui coûterait cher.

— Il examinera, il pèsera, il saura bien ce qu'il a à faire. »

Mme Hugo ne se trompait pas; lorsque Lahorie fut mis au courant de ces propos, il eut un premier mouvement, c'était de profiter de la liberté qu'on lui octroyait si généreusement. Mais Mme Hugo, toujours défiante, lui soumit ses craintes : prenez garde, ce sont des propos en l'air, ce ne sont pas des assurances. Quelles garanties avez-vous? aucune. Ne bougez pas, vous êtes ici en sûreté, attendez encore.

Lahorie, un peu impatient, reconnut cependant qu'il valait peut-être mieux exagérer la prudence.

Le général Bellavesne retourna à la Police. Et sans même qu'il eût besoin de mettre la conversation sur Lahorie, il fut question du prisonnier.

« Eh bien, dit l'homme de la Police, il ne veut donc pas sortir de sa retraite? Il a peur de nous! Quel enfant! ah ça! est-ce que vous vous imaginez que l'empereur se soucie de Lahorie? Que peut bien lui faire Lahorie? Ah! il a bien d'autres préoccupations! mais moi il m'intéresse, Lahorie, c'est un vieux camarade. Je ne l'oublie pas. Répétez-lui donc qu'il n'a rien à craindre. »

Bellavesne revint avec cette nouvelle promesse encore plus catégorique que la première auprès de son ami et de Mme Hugo.

Mais Mme Hugo, qui était obstinée dans ses soupçons, n'hésita pas à renouveler avec plus de vivacité ses avertissements : n'écoutez rien, ne commettez pas la faute de sortir sur une simple déclaration de policier. Vous paieriez cher cette imprudence.

Mme Hugo croyait que cette fois elle avait convaincu son ami. Et quelle ne fut pas sa surprise lorsque, le lendemain, elle trouva la chambre de Lahorie vide.

Ses conseils n'avaient pas été écoutés. Elle était agitée, inquiète, qu'était-il devenu? Elle fut un peu rassurée lorsqu'elle vit Lahorie rentrer et lui raconter que, voulant savoir la vérité, il avait couru au ministère de la Police; et comme elle l'interrogeait :

« Oui, dit-il en lui serrant les mains, oui c'est vrai, je suis libre, bien libre. J'ai vu mon ancien camarade, il m'a accueilli les bras ouverts, il m'a dit et répété que je pouvais circuler sans être inquiété, que le passé était oublié, je suis bien heureux. »

Et au moment où Lahorie, encore tout ému d'un entretien qui lui garantissait sa liberté, se mettait à table, tout joyeux et plein d'entrain, un homme se présenta escorté de quelques autres.

« Le général Lahorie? dit-il.

— C'est moi.

— Je vous arrête. »

Mme Hugo avait bien prévu ce qui devait arriver. Elle serra tristement la main de son ami.

Lahorie était jeté en prison.

$$X$$

EN ROUTE POUR L'ESPAGNE

APRÈS une série de victoires en Espagne, le colonel Hugo vit ses services récompensés. Il devint général de brigade, premier majordome, premier aide de camp du roi, grand d'Espagne et gouverneur d'Avila, de Ségovie et de Soria.

Il avait repris avec succès contre l'Empecinado la même guerre d'escarmouches que contre Fra Diavolo et l'avait réduit à l'impuissance. Joseph Bonaparte lui avait donné tous les honneurs, il voulait y ajouter tous les titres, comte et marquis. On les cumulait dans ce temps-là. Certes, le pays n'était pas encore complètement pacifié, il y avait des révoltes plus ou moins sourdes, mais enfin les soumissions étaient nombreuses et les Français étaient de moins en moins inquiétés.

Le colonel Louis Hugo, le frère du général, avait été envoyé à Paris, porteur d'une dépêche pour l'empereur. Son premier soin fut de se rendre aux Feuillantines pour voir sa belle-sœur et ses neveux. Il avait pour mission de décider Mme Hugo à venir retrouver en Espagne són mari qui souffrait de ces trois ans de séparation.

Le colonel fut accueilli avec de grands éclats de joie par les enfants. N'apportait-il pas des récits de batailles? Et si muré qu'on fût aux Feuillantines, on aimait à sentir l'odeur de la poudre et à entendre l'histoire des hauts faits des armées du grand empereur. Et puis, on apprenait la belle conduite du père. C'était un motif d'enthousiasme pour les enfants. Mme Hugo aurait voulu calmer tant d'ardeur. Ce voyage d'Espagne l'inquiétait; il était plein d'imprévu, d'aventures, de surprises et probablement de dangers; le pays était encore en insurrection. Et puis ce n'était pas une petite expédition : il fallait prendre la diligence, des voitures et surtout profiter d'un de ces convois qui transportaient quatre fois par an le trésor. Le trésor était les 12 millions que Napoléon envoyait à son frère Joseph à chaque trimestre. Et il était escorté par des troupes destinées à le protéger contre les convoitises des guerilleros espagnols.

Mme Hugo hésita longtemps : sans doute il y avait là-bas une grande position, puisque le général était gouverneur de trois provinces, sans doute les enfants pourraient continuer leur éducation puisqu'il y avait le collège de Madrid; mais elle avait charge d'âmes et s'effrayait de la responsabilité qu'elle allait prendre, en dépit de l'insistance du père, impatient de revoir ses enfants.

Elle se décida cependant à partir dans les premiers jours

Le général Hugo.

du printemps de 1811. Elle avait été avisée qu'un convoi devait passer à Bayonne et s'était assurée d'une diligence pour la conduire dans cette ville. Le prix fut fixé à 900 francs. On coucha à Blois, on traversa Poitiers, Angoulême, on arriva à Bordeaux, et enfin à Bayonne.

Et le convoi? Pas de convoi. Sans doute il était attendu, mais, par suite de certaines circonstances, il était retardé, et ne devait passer que dans un mois. Il fallut louer une maison : maison riante où pendaient des grappes de maïs mûr. Les enfants n'en étaient pas autrement fâchés : c'était un bon mois de vacances, en pays nouveau. Mais Mme Hugo ne s'accommodait guère de ce campement, et surtout de cette vie de province, sans relations et sans occupations.

« Le lendemain, une espèce de signor ventru, orné de breloques exagérées et baragouinant l'italien, se présenta chez ma mère. Cet homme nous fit, à nous enfants qui le regardions entrer à travers une porte vitrée, l'effet d'un charlatan de place. C'était le directeur du théâtre de Bayonne[1]. »

Un théâtre! n'était-ce pas une occupation trouvée? On allait voir tous les drames à succès qu'on promenait alors dans toute la France. Mme Hugo accepta de prendre une loge pour toute la durée du séjour et annonça la bonne nouvelle aux enfants, tout heureux à la pensée de connaître cette grande littérature dramatique qu'ils ignoraient et dont ils avaient eu un avant-goût le jour où ils avaient été au théâtre pour la première fois entendre *la Comtesse d'Escarbagnas*.

1. *Alpes et Pyrénées.*

Aussi quand ils entrèrent dans leur loge drapée de rouge, ils eurent un moment d'émotion. Ils étaient immobiles et attentifs lorsque le rideau se leva. On jouait *les Ruines de Babylone*. C'était le succès du jour. On ne parlait en ce temps-là que des *Ruines de Babylone*. Il fallait avoir vu *les Ruines de Babylone*. « C'était magnifique, à Bayonne du moins. Des chevaliers abricot et des Arabes vêtus de drap de fer de la tête aux pieds surgissaient à chaque instant, puis s'engloutissaient au milieu d'une prose terrible, dans des ruines de carton pleines de chausse-trapes et de pièges à loup. Il y avait le calife Haroun et l'eunuque Giafar. Nous étions dans l'admiration [1]. » Cette belle soirée avait laissé des souvenirs émus dans l'esprit des enfants. Ils ne parlaient que de Giafar et de Haroun, et ils avaient pris un goût si vif pour le théâtre qu'il fallut le lendemain y retourner. On aurait sans doute la douce surprise d'un autre drame plus terrible encore. Mais on donnait encore *les Ruines de Babylone*, Les enfants ne s'en plaignirent pas. De grandes beautés leur avaient sans doute échappé à la première audition, et ils éprouvaient le plaisir de retrouver tous les vieux traîtres avec lesquels ils avaient fait une connaissance insuffisante la veille et de se familiariser avec leurs tirades et avec leurs exploits. Non, décidément, on pouvait encore assister à ces *Ruines* sans trop de dommage.

Mais le troisième, le quatrième jour, on alla encore au théâtre et on donnait toujours *les Ruines de Babylone*. Cette

1. *Alpes et Pyrénées.*

fois les beautés n'avaient plus d'imprévu, les effets n'avaient plus de mystère et les *Ruines* n'avaient plus un recoin que les enfants ne connussent déjà. Il fallut renoncer au théâtre, ce drame ayant bien maladroitement poursuivi sa fructueuse carrière, et se contenter d'une promenade au bord de l'eau. On allait voir aussi les vaisseaux à l'embouchure de l'Adour ou jouer sur les talus de gazon des remparts. Et quand on restait à la maison, on ouvrait la boîte de couleurs, et Victor enluminait les gravures d'un vieil exemplaire des *Mille et une Nuits* qui lui avait été donné par son parrain, le général Lahorie; ou bien on achetait des oiseaux, on les emprisonnait dans des cages, ce qui faisait ressembler la maison à une boutique d'oiseleur. Car les petits marchands ayant su que les enfants achetaient tous les oiseaux qu'on leur apportait, venaient toujours escortés d'un nombre respectable de leurs pensionnaires.

XI

PREMIÈRE IDYLLE

C'est à Bayonne que s'ouvrit pour la première fois le cœur de Victor, c'est là qu'il eut son premier souvenir tendre, c'est là qu'il vit poindre dans le coin le plus obscur de son âme « cette première lueur inexprimable, aube divine de l'âme ». Et il raconte cette idylle dans *Alpes et Pyrénées* :

« C'était une personne de la ville, une veuve, je crois, qui louait cette maison à ma mère. Cette veuve habitait elle-même un pavillon voisin de notre logis. Elle avait une fille de quatorze à quinze ans. Ma mémoire, après trente années, n'a perdu aucun des traits de cette angélique figure.

« Je la vois encore. Elle était blonde et svelte, et me paraissait grande. C'était un regard doux et voilé, au profil virgilien, comme rêve Amaryllis ou la Galatée qui s'enfuit sous les saules Elle avait le cou admirablement attaché et d'une pureté adorable, la main petite, le bras blanc et le coude un peu rouge, ce qui tenait à son âge, détail que le mien ignorait alors. Elle était habituellement coiffée d'un madras thé à bordure verte, étroitement serré du sommet de la tête à la nuque, de façon à laisser le front découvert et à ne cacher que la moitié de la chevelure. Je ne me rappelle pas la robe qu'elle portait.

« Cette belle enfant venait jouer avec nous. Quelquefois Abel et Eugène, mes aînés, plus grands et plus sérieux que moi, et « faisant les hommes », comme disait ma mère, allaient voir l'exercice à feu sur le rempart ou montaient dans leur chambre pour étudier Sobrino ou feuilleter Cormon. Alors j'étais seul, je sentais l'ennui venir, que faire ? Elle m'appelait et me disait : *Viens que je te lise quelque chose.*

« Il y avait dans la cour une porte rehaussée de quelques marches et fermée d'un gros verrou rouillé que je vois encore, un verrou rond, à poignée en queue de porc, comme on en trouve quelquefois dans les vieilles caves. C'était sur ces marches qu'elle allait s'asseoir. Je me tenais debout derrière elle, le dos appuyé à la porte.

« Elle me lisait je ne sais plus quel livre ouvert sur ses genoux. Nous avions au-dessus de nos têtes un ciel éclatant et un beau soleil qui pénétrait de lumière les tilleuls et changeait les feuilles vertes en feuilles d'or. Un vent tiède passait à travers les fentes de la vieille porte, et nous caressait le visage. Elle était courbée sur son livre et lisait à haute voix.

. . . .

« Le jour où nous partîmes, j'eus deux grands chagrins : la quitter et lâcher mes oiseaux. »

Et ce souvenir du cœur lui a laissé une trace si profonde, que trente ans après il en conserve encore toute la fraîcheur, et que, passant par Bayonne, il cherche la maison bénie, et s'il ressent comme une douce joie à revoir le lieu qui ravive l'époque naïve et charmante, il éprouve de la mélancolie à penser qu'elle est peut-être dans cette ville encore, la belle jeune fille de 1812, qu'il y a un abîme entre eux et qu'ils sont étrangers l'un à l'autre. « Elle ne connaîtrait pas mon visage et je ne reconnaîtrais pas le son de sa voix. Elle ne sait plus mon nom et je ne sais pas le sien. »

Aussi quand il dut quitter la petite fille blonde, aux yeux bleus, à la taille svelte, il avait laissé là quelque chose de son cœur. Il s'était engourdi dans cette douce rêverie dont il ne voyait pas la fin. Il était déjà lié à elle, croyant que le temps consolidait une chaîne dont la fuite des heures brisait chaque jour un des anneaux. La petite fille et les oiseaux, toute sa poésie de Bayonne s'évanouissait devant la réalité. Il fallait partir. Et lui, l'enfant de neuf ans qu'il était alors, éprouvait le premier sentiment de tristesse véritable, son âme était en deuil. En toute autre circonstance, la vue du général marquis de Saillant, un des aides de camp du gouverneur, délégué auprès de Mme Hugo, l'aurait frappé ou distrait; il ne s'intéressait plus guère aux uniformes, l'Espagne était bien loin de son esprit, il pensait à sa Galatée qui s'enfuyait, non plus sous les saules, mais sous les tilleuls, aux feuilles d'or, au petit jardin, à la lecture à haute voix, aux premières émotions de son âme.

XII

LE CONVOI

Un immense carrosse rococo fut mis à la disposition de Mme Hugo et de sa famille et on rejoignit le convoi à Irun. L'admirable décor de la Biscaye avec ses montagnes, sa végétation opulente, ses précipices, émerveillait Victor. Et les moindres détails du paysage, le pittoresque des costumes, les vieilles charrettes à bœufs espagnoles avaient eu le privilège de distraire un peu son chagrin. Ces charrettes surtout, dont l'essieu grinçait avec un bruit effroyable, mettaient à une dure épreuve les nerfs des voyageurs; lui, il trouvait cette musique délicieuse. Le grincement de ces deux roues mal graissées qu'il entendit trente ans plus tard éveillait en lui des sensations plus exquises qu'un chœur de Weber, qu'une symphonie de Beethoven ou qu'une mélodie de Mozart: c'est que lorsqu'il l'entendit pour la première fois, il était enfant, il était petit, il était aimé, il avait sa mère; et ce bruit, harmonieux pour lui seul, était un des premiers chants de son enfance.

L'arrivée à Irun devait être pour lui la première surprise : d'abord c'était l'Espagne ; il ouvrait de grands yeux en voyant ces maisons noires, ces rues étroites, ces balcons de bois, ces portes de forteresse, et dans ces maisons, ces grands bahuts sculptés, ces lits à baldaquin, ces tables à pieds contournés, qui contrastaient avec tout cet acajou de l'empire, ces fauteuils à cou de cygne, ces lits étoilés et ces bronzes dorés.

Le convoi et l'escorte étaient arrivés, et une quantité innombrable de voitures stationnaient. Y avait-il une cérémonie, une fête ? Non. Trois cents voitures étaient là rangées, entourées d'une foule de voyageurs qui, se rendant en Espagne, voulaient trouver une protection et une défense dans l'escorte. Ce fut un tumulte inexprimable, surtout quand on apprit que deux cents voitures ne pourraient suivre le convoi. Ce furent des cris, des protestations. On eut toutes les peines du monde à faire comprendre que cette mesure était prise par prudence, dans l'intérêt même de la sécurité, que la file serait trop démesurée, qu'on ne disposait pas d'un nombre d'hommes suffisant pour la mettre à l'abri du pillage des bandes. Et on faisait des récits terribles, on racontait les attaques antérieures, les graves périls encourus. Cette mise en scène de terreur ne rassurait guère ceux qu'on emmenait, et irritait ceux qu'on laissait. Mais devant les ordres supérieurs, il fallut s'incliner. Et les cent voitures privilégiées se mirent en route accompagnées par 1 500 fantassins, 1 500 cavaliers et 4 canons. La voiture de Mme Hugo, traînée par six mules, suivait immédiatement le trésor.

Le premier jour, on avait fait trois lieues, le second jour

En Espagne. — Le convoi.

on coucha au village d'Hernani, nom que Victor devait donner plus tard à l'un de ses drames, *Hernani*. On traversa des bourgs, on franchit des gorges.

Vive alerte! Une troupe d'hommes est signalée sur les hauteurs. Cris de terreur. Agitation des voyageurs, les fusils sont armés.... C'étaient d'inoffensifs muletiers. Halte à Torquemada On pénètre dans le défilé de Salines. Quelques balles sifflent et frappent la voiture de Mme Hugo : distraction de guerillas. On ne s'en inquiète pas.

On rencontre un bataillon d'éclopés, chasseurs, cuirassiers, carabiniers, hussards, tous avec un membre de moins, ou plus ou moins défigurés. Ils chantent et crient à tue-tête : « Vive l'Empereur! » Chacun d'eux a sur l'épaule un perroquet ou un singe rapporté du Portugal.

On couche à Saladas, ou plutôt on y campe, car il ne reste plus que des pans de murs. Les enfants ont quelques heures de liberté, ils peuvent se dégourdir les jambes.

« A quoi jouer? dit l'un.

— A la guerre, dit l'autre.

— Ces ruines serviront de forteresse. »

Il y a plusieurs enfants. On se partage en assiégeants et en assiégés. Victor, toujours ardent, veut être parmi les assiégeants. Il bondit, il escalade, il grimpe sur la crête du mur, le pied lui manque, il tombe la tête la première dans une sorte de cave, le sang coule abondamment, il est évanoui. On le relève, on le transporte. L'angoisse est grande, car il est immobile. Ses frères et ses petits camarades se lamentent. Mme Hugo ne perd pas son sang-froid et les rassure. Le major panse l'enfant. Toute sa vie, Victor Hugo conserva cette cicatrice au haut du front, près de la racine des cheveux.

On se remet en route. A Mondragon nouvelle aventure. La montée est rude; les mules de la voiture de Mme Hugo n'avancent plus. On leur adjoint quatre bœufs. On arrive péniblement au sommet. Mais à la descente, les mules fatiguées ne peuvent retenir le lourd fardeau, elles sont poussées, entraînées par le poids de la voiture; les deux premières glissent et sont déjà sur le bord de l'abîme Tout l'attelage va être précipité. Une borne le retient, mais elle cède, et le carrosse est suspendu au-dessus du vide; les grenadiers hollandais de l'escorte voient le danger, se jettent au-devant des mules, s'accrochent aux traits, aux brancards, à la voiture, la dégagent, la font rétrograder C'est le salut.

Enfin, au bout d'une quinzaine de jours, après de nombreuses péripéties, on arrive à Burgos.

> L'Espagne me montrait ses couvents, ses bastilles,
> Burgos sa cathédrale aux gothiques aiguilles,
> Irun ses toits de bois, Vittoria ses tours,
> Et toi, Valladolid, tes palais de famille,
> Fiers de laisser rouiller des chaînes dans leurs cours [1].

Il y avait quatre jours d'arrêt. La première visite fut à la cathédrale. Victor était ébloui par la richesse de cette architecture, par ces fusées de clochetons, ce hérissement d'aiguilles, il en examinait attentivement tous les détails, ne se lassant pas d'admirer cette profusion d'arabesques et de den-

1. *Odes et Ballades.*

telles, attestant ainsi, par ce goût précoce du décor, ses dispositions futures d'architecte et de dessinateur, lorsqu'il construira plus tard des meubles et crayonnera des burgs et des cathédrales. Il était absorbé tout entier par cette magnifique floraison de pierre, lorsque tout à coup un être difforme sortit d'un mur et frappa trois coups. C'était une poupée à ressort qui marquait les heures. Il fut frappé de ce mélange d'austérité et de grotesque. Ce n'était pas la seule impression qu'il dût avoir en ce genre et qui lui fit comprendre l'alliance du bouffon et du tragique. On visita le tombeau du Cid que les soldats avaient transformé en un tir à la carabine, ce qui justifia la colère des Espagnols contre l'occupation française. Une aventure assez amusante, qui nous est racontée par Alexandre Dumas, s'était déroulée à la petite ville de Valverde. Mme Hugo, comme d'habitude, logeait chez l'alcade. Mais celui-ci avait une fort mauvaise réputation et était signalé comme un ennemi violent des Français. Mme Hugo commençait à s'endormir, lorsque tout à coup éclata une vive fusillade. On frappa. Elle ouvrit. Le colonel Montfort l'avertit de se barricader. C'était évidemment une attaque, puisque les soldats ripostaient avec fureur. Bientôt on apprit qu'un trompette de hussards avait attaché son cheval dans une prairie où il y avait de l'herbe fraîche, qu'un paysan avait détaché l'animal, que le cheval avait rué et était revenu au camp français. La sentinelle avait crié : « Qui vive? » Le cheval naturellement n'avait pas répondu. Elle avait fait feu en criant : « Aux armes! » Le premier poste avait à son tour crié : « Aux armes! » De là, la vive fusillade.

XIII

A MADRID

Oɴ arriva à Valladolid. On assista à une représentation théâtrale. Puis, après un repos, le convoi se remit en rang dans l'ordre fixé et continua le voyage ; la traversée du défilé de Coca s'opéra sans encombre. Puis on se retrouva dans les plaines. C'était assez triste et assez monotone, et nos jeunes gens commençaient à s'ennuyer lorsqu'un détachement de cavalerie passa à côté d'eux. C'était plus qu'il n'en fallait pour les distraire au moins un instant.

Un détachement ! Pourquoi ce détachement ? Le duc de Cotadilla, qui commandait l'escorte du convoi, s'informa. On lui dit que ce détachement précédait la reine Julie, la femme de Joseph Bonaparte, en route pour Madrid. La reine ! c'était un événement. Le duc de Cotadilla, qui était un gentleman et un gentilhomme accompli, voulait que l'escorte fût en bel état pour lui faire honneur. Ses cavaliers étaient couverts de poussière ; mais comme le détachement précédait d'assez loin la reine, on aurait le temps de réparer les désordres. Il y avait

une petite difficulté : on était en rase campagne. Et ce n'était
pas un endroit très propice pour faire sa toilette. L'embarras
n'était pas pour les cavaliers et les fantassins, habitués à loger
et à dormir à la belle étoile. Mais il y avait des dames. Et il
n'était guère possible de leur montrer deux mille soldats
changeant d'uniformes. Le duc de Cotadilla était un homme
de ressources; du moment qu'il s'agissait de produire son
petit effet devant la reine et de donner une preuve de son zèle
et de sa galanterie, il ne pouvait y avoir pour lui aucun obstacle. Il délégua quelques soldats auprès des dames, pour les
inviter à baisser les stores de leurs carrosses.

Cette recommandation leur parut d'abord assez étrange,
mais lorsqu'on leur en expliqua la raison, elles n'hésitèrent
plus à obéir à la consigne.

Les stores furent baissés instantanément, et aussi instantanément les soldats se débarrassèrent de leurs capotes et de
leurs culottes. La chaleur était suffocante. Ce fut pour eux
un des instants les plus délicieux du voyage de pouvoir respirer à l'aise et d'avoir la liberté de leurs mouvements. Ils
goûtèrent assez longtemps les charmes de ce déshabillé. Ils
revêtirent des chemises d'une blancheur éclatante. A ce
moment précis... la reine Julie passa. Le spectacle était pittoresque, mais un peu inattendu pour une reine. Le duc de Cotadilla, qui avait voulu honorer le passage de la souveraine, lui
montrait quinze cents fantassins et quinze cents cavaliers en
chemise, et une file de carrosses aux stores baissés! on ne
saurait imaginer son trouble et sa confusion, il n'aurait jamais
pu rêver un pareil effet de mise en scène.

Il fallait pourtant bien accepter l'aventure. Il ne s'y résignait pas. Sa consternation première fut suivie d'un vif mouvement d'irritation. Les dames, qui faisaient partie du convoi, essayaient de le rassurer : qu'avait-il voulu ? faire saluer solennellement la reine par une escorte en grande tenue. Sa Majesté lui tiendrait certainement compte de ses bonnes intentions. — Mais ce pauvre duc ne se consolait pas d'avoir mal pris ses dispositions; la surprise ménagée dépassait vraiment trop toutes les prévisions et toutes les espérances.

On gagna Ségovie dont l'architecture gothique et l'architecture arabe frappèrent vivement l'imagination de Victor.

Mme Hugo précipita le départ. Elle était impatiente d'atteindre Madrid. Elle redoutait surtout que son carrosse la laissât en route.

Le moyeu se fendillait, et si bien qu'il éclata. Arrêt forcé. Le convoi continua. Les grenadiers hollandais ne voulurent pas abandonner Mme Hugo. On répara la roue. Quitte à ce qu'elle éclatât encore en route, les mules furent mises au galop, et on rejoignit le convoi.

Après trois mois de voyage, on entra dans Madrid. Mme Hugo et les enfants furent conduits au palais Masserano. Le général était absent, retenu par une tournée d'inspection.

L'intendant fit les honneurs.

Ces grandes galeries, ces salles de cent cinquante pieds de long, ces énormes vases de Chine de six pieds de hauteur provoquèrent l'admiration des enfants.

Ils avaient déjà prémédité de grandes parties de cache-

cache dans ces salons rouges, bleus, au milieu de toutes ces richesses; en attendant ils fouillaient les armoires remplies d'habits et d'uniformes brodés.

Ils avaient trouvé de petits camarades, les enfants du général Lucotte, dont la femme était l'amie de Mme Hugo, et la fille du marquis de Monte-Hermosa, la petite Pepita.

XIV

LE COLLÈGE DES NOBLES

L E général arriva au bout de six semaines. Ce fut une fête. On était si heureux de se revoir et on avait tant de choses à se raconter : les péripéties du voyage, le théâtre de Bayonne, *les Ruines de Babylone*, le carrosse endommagé, les périls encourus, et le beau palais, le beau palais surtout où on faisait de si belles parties de cache-cache derrière les potiches chinoises! Mais toutes les aventures et tous les jeux devaient avoir une fin. Et quelle fin! Le collège. Le retour du général était le retour à la vie sérieuse.

Abel, devant entrer dans les pages du roi, puisqu'il avait douze ans, resta auprès de son père.

Quant à Eugène et à Victor, ils étaient désignés pour le collège des Nobles. Ah! l'école de la rue du Mont-Blanc, l'école de la rue Saint-Jacques étaient des lieux bénis; car le collège, que les jeunes gens par une figure de rhétorique un peu audacieuse appellent une prison, était ici véritablement une prison. Il en avait l'aspect, la maussaderie, la nudité, l'humidité, la couleur sombre, le silence. Une maison de moines. C'était lugubre. Dom Bazile avait un aspect sinistre.

Il prit livraison des deux jeunes condamnés qui sentirent un frisson quand ils se trouvèrent seuls. Eux, les passereaux qui aimaient les grands arbres, les plates-bandes, l'air, la lumière, comprirent toutes les petites tortures de la cage et ne regrettèrent plus d'avoir rendu la liberté à leurs oiseaux à Bayonne : ils sentirent que, petits ou grands, il y a dans les enfants et dans les hommes des geôliers.

La première nuit fut plutôt agitée. Ils dormirent mal. Ils s'éveillèrent sur une étrange apparition. Un bossu tout rouge de teint et de veste, avec une culotte bleue et des bas jaunes, se dressa auprès de leur lit C'était l'homme chargé de les réveiller. Ils auraient eu l'envie de prolonger leur sommeil que cette face de gnome l'aurait bien vite dissipée. Ils l'avaient surnommé Corcova (bosse). C'est l'ancêtre de Triboulet et de Quasimodo.

A peine debout, ils comparurent devant Dom Bazile, assisté d'un autre moine, Dom Manuel. Ils furent interrogés.

On choisit des textes latins de commençants; d'abord l'*Epitome*. Ce fut pour eux un jeu. On aborda le *De Viris*, *Quinte-Curce*. Ils expliquèrent couramment. On en vint à *Virgile*, à *Lucrèce*. Ce qui ne déconcerta nullement les enfants. Dom Bazile et Dom Manuel se regardaient un peu étonnés, ils ne pouvaient songer à les maintenir dans la petite classe à laquelle leur âge les avait désignés.

Il fallut les placer dans la classe des grands. Ils étaient les petits, les tout petits parmi les grands : belle occasion pour les grands de torturer un peu les petits; surtout des petits qui étaient les fils des vainqueurs qu'on détestait. C'était la manière des jeunes Espagnols de prendre leur revanche contre les envahisseurs : les disputes étaient ardentes et journalières; à la suite d'une querelle avec un jeune Espagnol, Frasco, comte de Belverana, Eugène reçut un coup de ciseau dans la joue. C'était le renvoi de l'agresseur. Mais Eugène, bonne âme, intercéda pour le petit révolté et obtint sa grâce.

Victor n'avait pas l'indulgence de son frère. Il la lui reprocha même. Ce Frasco l'avait exaspéré. Un autre camarade, nommé Elespuru, avait le privilège de l'irriter. C'est qu'il était hargneux, malpropre, difforme et grotesque. Cet Elespuru était son cauchemar. Victor avait emporté au collège des Nobles le *Tacite* qu'il expliquait avec le père La Rivière et qui est dans les vitrines de la bibliothèque dans la maison de Victor Hugo, place des Vosges. Il avait écrit sur la première page : Elespuru, et sans doute pour se moquer de lui, pour rendre le nom un peu plus ridicule, il avait écrit au-dessous Elespourou suivant la prononciation espagnole. Et comme les petits Espagnols s'appelaient entre eux comte et marquis, il avait traduit son nom et celui de son frère en espagnol en ajoutant la particule : Bittor de Hugo, Eugenio de Hugo.

Sa rancune contre ses condisciples fut si longue et si tenace qu'il fit de Frasco le Gubetta de *Lucrèce* et d'Elespuru un des quatre fous de *Cromwell*. On retrouve dans *Ruy Blas* le nom d'Ortoloza, la rue du collège, et également dans *Ruy Blas* le nom de Matalobos, petit ruisseau qui coule à Madrid près de la porte Santo-Domingo.

En dehors des promenades le jeudi et le dimanche, c'était le cloître, noir, triste, froid. On était en hiver; on grelottait, et pas de feu. Ajoutez la disette. Le pain manquait. Les enfants se plaignaient. Le père Manuel leur disait pour les consoler : « Faites comme moi une croix sur votre ventre, cela vous nourrira ». Manuel faisait peut-être la croix sur son ventre, peut-être ne mangeait-il pas plus qu'eux? toujours est-il qu'il engraissait quand même.

Nulle distraction. Des visites de plus en plus rares. La seule diversion fut l'apparition d'Abel. Il vint en page : costume bleu, aiguillettes d'or et d'argent, chapeau d'officier, épée au côté. En voilà un qui était heureux d'avoir douze ans!

XV

LES DEVOIRS D'ÉCOLIER

PENDANT le printemps de 1812, se faisait sentir le contre-coup des événements de Russie. Les trônes improvisés dans toutes les capitales de l'Europe s'écroulaient. Abel, sous-lieutenant, prenait part avec son père à la victoire de Salamanque et à la suprême défaite de Vittoria. Mme Hugo et ses deux fils revenaient en France, profitant de l'escorte du maréchal de Bellune. Mais, à Vittoria, il fallut prendre une autre escorte.

On gagna à marches forcées la France, on traversa Bordeaux ; enfin on retrouva les Feuillantines et le père La Rivière. Mais on n'allait plus chez La Rivière ; c'est La Rivière qui venait aux Feuillantines. On est enfin délivré du collège de Madrid, des classes et des dortoirs de Dom Bazile. On travaille dans sa chambre où dans le jardin.

Un certain nombre des devoirs d'écolier de Victor Hugo ont été conservés : ils datent de 1813. Il écrivait ses devoirs sur des feuilles volantes et toutes ses poésies sur des cahiers. Il avait onze ans et avait repris son latin.

C'étaient des thèmes assez courts, fables ou histoires. En voici une : « De tous les animaux l'homme est le plus fou. Chacun est lynx envers ses pareils et taupe envers soi-même.

« L'homme ne pardonne rien aux autres et se pardonne tout. Il se voit d'un autre œil qu'il ne voit ses semblables. C'est pourquoi Jupiter, le souverain des dieux et des hommes, chargeant les mortels d'une besace, tant ceux du temps présent que ceux du temps passé, mit nos défauts dans celle de derrière et ceux des autres dans celle de devant. »

Victor traduit la fable en latin. Il suit tout d'abord servilement le texte, écrivant les mots qui lui viennent à l'esprit. Mais il s'aperçoit que son latin copie trop fidèlement le français, qu'il a une tournure trop prosaïque, qu'il renferme des mots impropres. Il traduit de nouveau, au-dessous, tout son thème, mais cette fois en termes plus châtiés, plus élégants. Il choisit les mots propres, il prend des tournures plus latines, s'inspire du texte plus qu'il ne s'y attache. Et comme il faut toujours qu'il ajoute une réflexion ou un commentaire à un devoir, il écrit en gros caractères : *Ecce homo! voici l'homme!* puis il cite ce vers : *Le plus sot animal, à mon avis, est l'homme.* Et comme il n'est pas satisfait d'avoir émis un jugement aussi sec et aussi peu démonstratif, il fait un dessin. Il se souvient que, dans la fable, l'homme se voit d'un autre œil qu'il ne voit ses semblables, que Jupiter a mis nos défauts dans la besace de derrière pour nous en cacher la vue, et alors il trace un homme avec deux faces et deux besaces; sur l'une il écrit : *mes défauts*, sur l'autre il écrit : *ceux des autres*; et, s'il traduit ainsi la duplicité de l'homme en lui donnant deux visages, c'est pour bien indiquer aussi que ses propres défauts ne doivent pas être soustraits à ses regards.

Et, à côté de la fable, il donne ainsi la moralité sous la forme d'une illustration satirique.

Un autre thème est un sujet d'histoire :

« Pyrrhus, roi d'Épire, à la prise d'une ville, voyant que les habitants, enveloppés de toutes parts, s'opiniâtraient à la défense, leur fit passage; et dans les maximes de guerre qu'il a laissées, il est d'avis de ne pas trop presser celui qui fuit, non seulement de peur que, par nécessité, il ne fasse trop vive résistance, mais encore pour qu'il se soumette plus facilement, persuadé que le vainqueur ne doit pas s'attacher à exterminer les vaincus. »

Victor emploie toujours le même procédé. C'est d'abord une première traduction en latin, traduction très exacte, très fidèle, qu'il reprend ensuite pour lui donner une tournure plus châtiée. Et comme il faut bien qu'il dégage la moralité de cette anecdote, il inscrit au-dessous :

Parcere subjectis et dellabare superbos.

Pardonner aux vaincus et vaincre les rebelles.

Et dans un seul dessin il représente les deux scènes : à gauche la scène où le guerrier pardonne à celui qui se soumet; et, pour qu'il n'y ait aucun doute, il inscrit sur une pancarte attachée à des emblèmes de paix : *Parcere subjectis;* et à droite il montre le guerrier qui pourfend le révolté étendu à terre avec son bouclier sur lequel il écrit le mot : *superbos*, et il accroche une pancarte : *debellare superbos* à un faisceau de lances.

Toute la mise en scène est complète avec les personnages et les accessoires; tous les mouvements sont parfaitement réglés, il y a même le décor, la petite maison dont la cheminée fume à l'horizon.

La mort du consul Manlius est encore un thème d'histoire. Manlius a été tué par ses ennemis, et ses lieutenants viennent le venger. Victor figure la bataille dans un dessin très mouvementé. C'est une mêlée violente où on sent que les coups sont bien assénés.

Un autre sujet d'histoire : les Carthaginois, pour échapper aux Romains, feignent de tomber avec leurs vaisseaux sur un écueil.

La scène est représentée encore par un dessin : au moment où le soleil se couche, les vaisseaux carthaginois se heurtent à un écueil pendant que les Romains sont massés en bataillons sur le rivage.

La plupart des devoirs sont écrits sur le verso et le recto de la feuille; chacun d'eux occupe une page avec le texte français, les deux textes latins et le dessin; le dessin même tient un bon tiers de la page.

Une des grandes occupations était la lecture : Mme Hugo s'était abonnée au cabinet de lecture de Royol. Ses fils étaient chargés de lui dénicher les livres les plus intéressants. Mais

auparavant il fallait les lire. C'est ainsi qu'ils se familiari-
sèrent avec Rousseau, Voltaire, Diderot. Ils lurent tout ce
qui leur tombait sous la main : *Faublas* et les *Voyages du
capitaine Cook*. Ils avaient tout lu.

La boutique de Royol n'avait plus de secrets pour eux.

XVI

ADÈLE

L^E jardin avait toujours ses séductions : ils retrouvaient là
les doux souvenirs d'autrefois, l'escarpolette et la
brouette et le petit jardin tracé dans le grand, les pâquerettes
et les boutons d'or et le chant des oiseaux ; mais aussi le chant
de la petite Adèle Foucher. Victor a onze ans : il est plus
rêveur, il revoit la petite fille avec une tendresse plus profonde, plus réfléchie, des espoirs plus nets, des desseins plus
arrêtés. Et il racontera dans *le Dernier jour d'un condamné*
toute leur pure idylle depuis le début, avant de partir pour
l'Espagne, puis au retour en 1813, et quatre ans après ; lui
rieur et frais, jouant, courant, elle « avec ses grands yeux,
ses grands cheveux, sa peau brune et dorée, ses lèvres rouges
et ses joues roses ».

« Nos mères nous ont dit d'aller courir ensemble ; nous
sommes venus nous promener.

« On nous a dit de jouer, et nous causons, enfants du même

6

âge, non du même sexe. » Et il raconte les luttes passées pour la plus belle, pomme du pommier, pour un nid d'oiseau.

« Maintenant elle s'appuie sur mon bras, et je suis tout fier et tout ému. Nous marchons lentement, nous parlons bas. Elle laisse tomber son mouchoir, je le lui ramasse. Nos mains tremblent en se touchant. Elle me parle des petits oiseaux, de l'étoile qu'on voit là-bas, du couchant vermeil derrière les arbres ou bien de ses amies de pension, de sa robe et de ses rubans. Nous disons des choses innocentes, et nous rougissons tous deux. La petite fille est devenue jeune fille.

« Ce soir là — c'était un soir d'été — nous étions sous les marronniers, au fond du jardin. Après un de ces longs silences qui remplissaient nos promenades, elle quitta tout à coup mon bras et me dit : « Courons ! »

« Et elle se mit à courir devant moi avec sa taille fine comme le corset d'une abeille et ses petits pieds qui relevaient sa robe jusqu'à mi-jambe. Je la poursuivais, elle fuyait : le vent de la course soulevait par moments sa pèlerine noire et me laissait voir son dos brun et frais. »

On avait dix et onze ans, et on s'aimait toujours puisqu'on n'avait jamais cessé de s'aimer et que l'amour grandissait et vieillissait avec les jeunes années. C'étaient les heures sereines, les heures roses, les heures où la fleur s'entr'ouvre pour recueillir la rosée d'une larme de joie. Mais il y avait à côté les heures sombres, les heures tragiques. C'était

l'époque où on jugeait Lahorie après l'avortement de la conspiration Malet; Mme Hugo avait multiplié les démarches,
donné tout son cœur d'amie fidèle pour que la vie du parrain
de Victor fût sauvée. Elle s'était installée toute la journée
chez M. Foucher, qui demeurait au conseil de guerre et qui,
de greffier, était devenu chef de bureau de recrutement au
ministère de la Guerre. Jusqu'à la dernière minute elle avait
lutté pour défendre son ami.

Un soir d'octobre 1812, elle passait devant l'église Saint-
Jacques-du-Haut-Pas, donnant la main à Victor. « Une grande
affiche blanche, dit Victor Hugo, était placardée sur l'une des
colonnes du portail, celle de droite : je vais quelquefois revoir
cette colonne. Les passants regardaient obliquement cette
affiche, semblaient en avoir un peu peur, et, après l'avoir
entrevue, doublaient le pas. Ma mère s'arrêta et me dit :
« Lis ». Je lus. Je lus ceci : « — Empire français. — Par
sentence du premier conseil de guerre, ont été fusillés en
plaine de Grenelle, pour crime de conspiration contre l'empire et l'empereur, les trois ex-généraux Malet, Guédal et
Lahorie. »

« Lahorie, me dit ma mère, retiens ce nom. »

Et elle ajouta :

« C'est ton parrain [1]. »

Victor apprenait par cette affiche le nom de l'homme qui
s'était réfugié dans la petite chapelle des Feuillantines, qui
lui avait apparu le soir de la fête. Il eut un frémissement, car

1. *Actes et Paroles.*

il gardait sur sa petite épaule la pression de la main de cet homme qui lui avait dit : « Avant tout la liberté. » Ce mot, il s'en souvenait à l'heure où il lisait l'affiche, il s'en est toujours souvenu depuis.

C'est ce mot qui a été le guide et la règle de toute sa vie.

XVII

UNE APPARITION

A cette heure où se mêlaient confusément dans son esprit les pensées riantes et les souvenirs douloureux se dressa devant lui, sous l'apparence d'un fantôme, un homme, un proviseur, le proviseur du lycée Napoléon :

Un docteur au front chauve, au maintien solennel.
. . . .
Lorsque cet homme entra je jouais au jardin,
Et rien qu'en le voyant je m'arrêtai soudain.
C'était le principal d'un collège quelconque.
Les tritons, que Coypel groupe autour d'une conque,
Les faunes, que Watteau dans les bois fourvoya,
Les sorciers de Rembrandt, les gnomes de Goya,
Les diables variés, vrais cauchemars de moine,
Dont Callot en riant taquine saint Antoine,
Sont laids, mais sont charmants; difformes, mais remplis
D'un feu qui de leur face anime tous les plis
Et parfois dans leurs yeux jette un éclair rapide.
— Notre homme était fort laid, mais il était stupide [1].

1. *Les Rayons et les Ombres.*

On comprend la colère de Victor; il sortait du collège des Nobles. Et le principal endossait toutes les rancunes gardées contre le moine Dom Bazile. Il venait à un moment fâcheux, et pourquoi?

> Cet homme chauve et noir, très effrayant pour moi,
> Et dont ma mère aussi d'abord eut quelque effroi,
> Tout en multipliant les humbles attitudes,
> Apportait des avis et des sollicitudes :
> — Que l'enfant n'était pas dirigé; — que parfois
> Il emportait son livre en rêvant dans les bois,
> Qu'il croissait au hasard dans cette solitude.
> Qu'on devait y songer : que la sévère étude
> Était fille de l'ombre et des cloîtres profonds ;
> Qu'une lampe pendue à de sombres plafonds
> Qui de cent écoliers guide la plume agile,
> Éclairait mieux Horace et Catulle et Virgile,
> Et versait à l'esprit des rayons bien meilleurs
> Que le soleil qui joue à travers l'arbre en fleurs ;
> Et qu'enfin il fallait aux enfants, — loin des mères,
> Le joug, le dur travail et les larmes amères.
> Là-dessus, le collège, aimable et triomphant,
> Avec un doux sourire offrait au jeune enfant
> Ivre de liberté, d'air, de joie et de roses,
> Ses bancs de chêne noir, ses longs dortoirs moroses,
> Ses salles qu'on verrouille et qu'à tous leurs piliers
> Sculpte avec un vieux clou l'ennui des écoliers,
> Ses magisters qui font, parmi les paperasses,
> Manger l'heure du jeu par les pensums voraces,
> Et, sans eau, sans gazon, sans arbres, sans fruits mûrs,
> Sa grande cour pavée entre quatre grands murs [1].

Non, non! Ce n'était pas le maître, ce n'était pas l'étude qui excitaient ainsi la bile de Victor. Il n'avait pas l'horreur du professeur, de la classe, des bancs de chêne noir, comme il

---

1. *Les Rayons et les Ombres.*

C'était le principal d'un collège quelconque.

le dit; n'est-ce pas lui qui, se rappelant ses souvenirs lointains, s'écriait :

> Oh! que j'étais heureux! Oh! que j'étais candide!
> En classe, un banc de chêne, usé, lustré, splendide,
> Une table, un pupitre, un lourd encrier noir,
> Une lampe, humble sœur de l'étoile du soir,
> M'accueillaient gravement et doucement....
>
> Je croyais, car toujours l'esprit de l'enfant veille,
> Ouïr confusément tout près de mon oreille
> Les mots grecs et latins, bavards et familiers,
> Barbouillés d'encre et gais comme des écoliers,
> Chuchoter, comme font les oiseaux dans une aire,
> Entre les noirs feuillets du lourd dictionnaire,
> Bruits plus doux que le bruit d'un essaim qui s'enfuit,
> Souffles plus étouffés qu'un soupir de la nuit,
> Qui faisaient par instants, sous les fermoirs de cuivre,
> Frissonner vaguement les pages du vieux livre.

C'était bien là une hymne à la classe, au devoir; mais le
principal arrivait à un moment où les enfants étaient « ivres
de liberté, d'air, de joie et de roses », de la musique du rossi-
gnol; il arrivait au moment où on avait tant souffert au collège des Nobles, où on n'avait que le souvenir de la prison
morose; et le lycée Napoléon apparaissait comme la geôle
à l'heure du jardin reconquis, des jeux avec Adèle et du pillage de la maison Royol. Les enfants se révoltèrent. Ils eurent
gain de cause. L'homme fut congédié; mais la pauvre mère
était incertaine, inquiète. Avait-elle eu tort, avait-elle eu
raison? Sans doute, il y avait bien toujours le père La Rivière.
Mais le collège ne vaut-il pas mieux que le maître?

> Pauvre mère! lequel choisir des deux chemins?
> Tout le sort de son fils se pesait dans ses mains.

Et elle penchait vers le collège. Puis elle réfléchissait . mais non, les pauvres petits seraient enfermés comme des oiseaux en cage ; et elle se décidait pour La Rivière, parce qu'au moins ils seraient libres, ils seraient heureux, ils pourraient

> Errer à l'aise en ce jardin charmant.

Hélas ! ce jardin charmant, il fallut le quitter, la ville le réclamait pour prolonger la rue d'Ulm ; on abattra d'abord les grands arbres, puis plus tard les vieux murs ; et là où l'on avait joué tout petit, il ne restera plus rien de ces souvenirs.

Quand Victor Hugo reviendra à l'époque de l'Année terrible, tout ce passé lui remontera à l'esprit, et avec l'ancienne mélancolie de l'enfant qu'il était, l'amertume de l'homme mûr qui voit l'obus prussien bombarder ce qui reste de ce que furent les Feuillantines :

> Ton tonnerre idiot foudroie un paradis.
> Oh ! que c'était charmant ! comme on riait jadis !
> Vieillir, c'est regarder une clarté décrue.
> Un jardin verdissait où passe cette rue ;
> L'obus achève, hélas ! ce qu'a fait le pavé.
> . . . .
> Oh ! l'ineffable aurore où volaient des colombes !
> Cet homme, que voici lugubre, était joyeux ;
> Mille éblouissements émerveillaient ses yeux.
> Printemps ! en ce jardin abondaient les pervenches,
> Les roses, et des tas de pâquerettes blanches,
> Qui toutes semblaient rire, au soleil se chauffant,
> Et lui-même était fleur puisqu'il était enfant [1].

Qu'allait-on retrouver maintenant ? Un pauvre petit jardinet pour tous les locataires d'une grande maison de la rue

---

1. *L'Année terrible.*

du Cherche-Midi, presque en face du Conseil de guerre. Mme Hugo occupait un étage, Mme Lucotte avec ses enfants en habitait un autre, ayant voulu se rapprocher de son amie.

Le principal du lycée Napoléon aurait sans doute paru moins terrible s'il avait offert ses dortoirs quand on habitait la rue du Cherche-Midi. Le charme des Feuillantines était rompu et le jardinet n'avait plus les séductions du parc du vieux couvent.

XVIII

VICTOR MENUISIER

Plusieurs mois auparavant, la défaite de Vittoria avait
coûté le trône à Joseph Bonaparte. Le général Hugo
revint avec son fils Abel. Il ne fit que traverser Paris et se
rendit aux eaux pour soigner une blessure qui était mal
guérie. Puis il fut chargé de défendre Thionville dans la
France envahie.

L'absence du père laissait les enfants tout entiers à leurs
jeux. Les petits Lucotte apportaient leur gaieté et leur entrain.
Mais on était grand. On ne jouait plus à la brouette, à la
balançoire, à la chasse aux papillons. Et quel plus noble
métier que celui des armes à cette époque, où on n'entendait
parler que de batailles? Une grande remise était un merveilleux champ d'opérations. Mais il n'y a pas de bonne guerre
sans forteresse. Où trouver une forteresse? Il n'y avait qu'une
seule ressource, en construire une. Et les matériaux? Les
malles de Mme Lucotte. La femme du général en avait rap-

porté d'Espagne une respectable quantité. Mais c'était bien rudimentaire d'entasser les caisses les unes sur les autres. Victor Hugo, qui pendant son exil à Guernesey, était devenu, aux heures de loisir, un incomparable artiste, en achetant de vieux meubles et en les désarticulant pour leur donner une autre physionomie, qui prenait des coffres ou des caisses hors d'usage pour les assembler à sa fantaisie et les transformer en cheminées et en crédences, et qui était arrivé à faire sortir de pièces et de morceaux, des meubles qui révélaient un style personnel, mélange de gothique et de byzantin, avait montré ses premières dispositions dans la remise de la rue du Cherche-Midi.

Il désarticula les malles de Mme Lucotte et parvint à élever une véritable forteresse, avec ses tours, ses bastions, ses ponts-levis. C'était un joli morceau d'architecture. On avait maintenant le fort. On pouvait se partager en assiégeants et en assiégés et se livrer de féroces combats. On imitait les pères. Les mères jugeaient que c'était un très mauvais exemple à suivre quand la guerre était faite aux pantalons et aux caisses de Mme Lucotte, et que les blessures entre petits Français, outre qu'elles n'étaient pas bien glorieuses, à cause de leur parfum de guerre civile, avaient l'inconvénient d'être dangereuses, quand, dans l'ardeur du combat, il y avait du sang répandu. Il fallut se résigner à des jeux moins turbulents. Victor, qui aimait les contrastes, proposa la bouillotte. Va pour la bouillotte! La bouillotte était devenue une véritable passion. On ne quittait plus la bouillotte, mais on n'avait pas bataillé dans un fort, on n'avait pas dans sa famille tant d'officiers, sans avoir au cœur quelques sentiments militaires; on se jeta alors sur les cartes de géographie pour étudier les mouvements des troupes. On les suivait avec des alternatives d'espérance et d'angoisse; et lorsqu'on apprit que les étrangers étaient aux portes de Paris, ce fut un moment de stupeur. Était-ce possible? Eux, les enfants des généraux de l'empire, n'avaient-ils pas traversé en triomphateurs toutes les capitales de l'Europe?

> Avec nos camps vainqueurs dans l'Europe asservie
> J'errai; je parcourus la terre avant la vie,
> Et tout enfant encor les vieillards recueillis
> M'écoutaient racontant d'une bouche ravie
> Mes jours si peu nombreux et déjà si remplis.
> Chez dix peuples vaincus je passai sans défense,
> Et leur respect craintif étonnait mon enfance.
> Dans l'âge où l'on est plaint, je semblais protéger.
> Quand je balbutiais le nom chéri de France
>   Je faisais pâlir l'étranger [1].

1. *Odes et Ballades.*

XIX

LE RETOUR DU PÈRE

Hélas! cette vision de victoires à travers l'Europe, de lauriers cueillis dans toutes les capitales, de « vieux bataillons qui passaient dans les villes avec un drapeau mutilé », « d'escadrons étincelants », « de dix peuples vaincus », tout ce fracas de gloire s'était évanoui. C'était l'étranger qui était vainqueur; c'était lui maintenant qui occupait Paris, et Mme Hugo dut loger dans sa cour un colonel prussien et quarante soldats, pendant que les Cosaques campaient dans les rues.

Victor assistait ainsi à ce petit drame dans sa famille d'un père, soldat de l'empire, profondément atteint par les défaites de Napoléon, et d'une mère royaliste, accueillante au contraire à l'arrivée des Bourbons.

Le lys et la cocarde blanche étaient à toutes les boutonnières. Le général, mal noté pour avoir défendu, contre l'étranger, une forteresse française, resta à Thionville.

Mme Hugo vint l'y rejoindre et y séjourna avec lui pendant quelques semaines.

Pendant l'absence de leur mère, les enfants avaient été confiés à Foucher et à Mme Lucotte; ils continuaient à prendre des leçons chez le père La Rivière, mais ils étaient surtout possédés de la fièvre du dessin.

Plus tard, le théâtre fut de nouveau leur distraction favorite.

Le grand succès du moment était Bobino; mais on se lasse de tout, même de Bobino. Sans doute, on n'y donnait pas, comme à Bayonne, le même spectacle tous les jours, mais les représentations étaient un peu monotones. Ne serait-il pas plus récréatif d'avoir un théâtre à soi, d'être à la fois auteur et acteur, de composer des pièces et de les faire jouer par des comédiens en bois? On se munit donc d'un théâtre en carton. Et Victor improvisa une pièce : *le Palais enchanté*. Elle allait être donnée, quand le général Hugo, destitué de son commandement, arriva.

Plus de théâtre, plus de bouillotte, plus de Bobino, plus de forts. Eugène allait avoir quinze ans, Victor treize, le père reprit la direction de leur éducation.

Il les destinait à l'École polytechnique. Il chercha pour eux une pension. On était en 1815. Dans la rue Sainte-Marguerite il y avait une pension tenue par MM. Cordier et Decotte. Le général la choisit.

M. Cordier était un ancien abbé, fanatique de Jean-Jacques Rousseau. Victor était donc voué aux abbés. Après le père La Rivière, le moine Dom Bazile; après Dom Bazile, Cordier.

Trois abbés, c'était plus qu'il n'en fallait pour que son esprit se ressentît de cette éducation première.

Les deux enfants qui avaient laissé à regret leurs acteurs en bois pensèrent qu'eux-mêmes devraient jouer des comédies avec quelques camarades.

Les sujets tout indiqués étaient les guerres de l'empire. Eugène et Victor étaient les auteurs. Victor représentait Napoléon, se constellait la poitrine de croix et d'aigles d'or et d'argent, mais au mépris de l'histoire et par instinct de l'actualité, il ajoutait parfois sa décoration du Lys, que lui avait donnée le comte d'Artois. C'était une manière de concilier les opinions politiques de son père et de sa mère.

XX

FIÈVRE DE POÉSIE

LE 1er mars 1815, Napoléon débarquait à Cannes, Louis XVIII s'enfuyait à Gand; mais le 7 juillet, les alliés rentraient à Paris après Waterloo, traînant à leur suite Louis XVIII, et Napoléon était envoyé à Sainte-Hélène. Tous ces événements, pleins de contrastes, tous ces jeux de bascule frappaient vivement l'imagination des enfants. Les études les laissaient un peu indifférents. Victor d'ailleurs se sentait de plus en plus possédé par le goût de la poésie. Tout était devenu prétexte pour lui à rimer. Il traduisait en vers, à treize ans, la première églogue de Virgile Il ne connaissait pas le premier mot de la prosodie. Il l'avait devinée, et c'était en écrivant et en récitant, par une série de tâtonnements, qu'il était parvenu à s'apprendre la mesure, la césure, l'alternance des rimes masculines et féminines. Le latin lui permettait de se livrer à son travail favori. Horace et Virgile devenaient les complices de sa fièvre poétique. Pouvait-on lui en vouloir de traduire ces grands poètes dans leur langage? N'était-ce pas un hommage qu'il leur rendait? Ne montrait-il pas un zèle plus méritoire en s'obligeant à traduire les églogues et les satires en vers français? Ainsi il trouvait le moyen détourné de poursuivre son objectif, de rester fidèle à sa muse, tout en faisant les devoirs qu'on lui imposait. En revanche, les mathématiques ne se prêtaient guère à ce genre d'exercice, et il n'avait pas découvert le moyen de donner à un problème une tournure poétique. Aussi étaient-elles assez délaissées. Il aurait bien voulu les abandonner complètement; il n'osait pas. Un hasard le servit. Un jour, ayant reçu un coup de pierre dans une promenade au bois de Boulogne, il fut condamné à rester au lit pendant plusieurs semaines. Heureux accident qui le libérait des mathématiques et qui lui donnait sa muse comme infirmière. C'est alors qu'il put s'abandonner tout entier à son inspiration et remplir de ses poésies de nombreux cahiers : sur l'un d'eux il inscrivit plus tard : *les bêtises que je faisais avant ma naissance*. Ce sont des feuilles de papier assez épais reliées par des ficelles. Les poésies datent de 1816, 1817, 1818. Il y a un cahier sur lequel il a écrit ces mots : « Un honnête homme peut lire tout ce qui n'est pas biffé ». Et le témoin raconte qu'il a biffé tout. Ce n'est pas tout à fait exact. Il a en effet balafré de larges raies noires beaucoup de pièces; mais il en a respecté un certain nombre. Plusieurs de ses poésies de première jeunesse figurent dans *Victor Hugo raconté*, mais combien d'autres auraient pu être publiées! Elles sont écrites d'une petite écriture fine, cursive, presque sans rature, mais avec des queues flamboyantes à la fin des mots. Les vers sont serrés les uns contre les autres.

Sur ce même cahier il a inscrit en tête : « J'ai quinze ans, j'ai mal fait, je pourrai faire mieux. VICTOR. 1816. Septembre. »

N'est-ce pas d'une modestie et d'une simplicité charmantes? Car il se jugeait lui-même, il se donnait des notes, il s'emportait même contre lui, quand, après avoir relu ce qu'il avait écrit, il n'était pas satisfait. Mais cette fois, à quinze ans, il a conscience qu'il pourra faire mieux; il le dit très franchement; c'est qu'il sent déjà pousser ses ailes : je pourrai faire mieux; il n'en doute pas, il en est convaincu. Ces quatre mots ne sont-ils pas admirables quand on les relit aujourd'hui? N'ont-ils pas quelque chose de touchant, d'émouvant? Cet enfant qui a quinze ans, qui écrit cependant de jolis vers, n'hésite pas à les condamner, mais il entrevoit déjà qu'il pourra faire mieux! Ces simples mots prennent un singulier relief lorsqu'on vient de relire *la Légende des Siècles* et *les Contemplations.*

Pendant les trois années qu'il passa à la pension Cordier, il fit de tout : poèmes, tragédies, idylles, odes, satires, épîtres, madrigaux, contes, charades, énigmes, impromptus, traductions, tout ce qui ne concernait pas l'École polytechnique. Oh! la belle époque où l'imagination conduit sa fantaisie au hasard de l'inspiration! Comme il s'en souvient avec une émotion attendrie! Car c'est le vers qui le console de l'algèbre.

Il passe d'un sujet ou d'un genre à l'autre avec une étonnante virtuosité, tour à tour langoureux ou guerrier, tragique ou plaisant, tendre ou chevaleresque, mystique ou libéral. Et quelle tendresse pour sa mère! Elle éclate dans toutes ses strophes, et le conduit même à épouser ses croyances, son amour pour la royauté, qui est pour lui encore l'amour pour la liberté, puisque les Bourbons nous délivrent de l'oppression de l'empire.

XXI

PREMIERS ESSAIS DRAMATIQUES ET CONCOURS
A L'ACADÉMIE FRANÇAISE

Des odes, des satires, des madrigaux, soit. C'est bien, mais l'art dramatique! c'est mieux encore. Faire mouvoir des personnages, les faire vibrer, conduire une action, créer des péripéties, mettre en jeu les sentiments, les passions, voilà ce qui l'attire. Et il compose sa première tragédie, *Irtamène*, à quatorze ans. Il convient de s'arrêter sur cette première tragédie, parce qu'elle marque une date de l'enfance de Victor Hugo. Elle remplit plusieurs cahiers de papier assez épais reliés les uns aux autres par deux morceaux de grosse ficelle.

Sur la couverture :

IRTAMÈNE

Tragédie.

1816.

VICTOR.

Et le Victor est escorté d'arabesques.

Au bas de la page les mentions suivantes :

Le premier   acte, 5 scènes, 236 vers, commencé le 17 juillet 1816.
Le second   —   5   —   300   —
Le troisième   —   6   —   308   —
Le quatrième   —   7   —   370   —
Le cinquième   —   7   —   294   —   fini le 14 décembre 1816.
    Au total. . . . . . 1508 vers.

Victor avait destiné *Irtamène* à sa mère pour le jour de l'an. Il ne pouvait y travailler qu'aux heures de loisir, en dehors des classes.

Il avait accompagné sa tragédie d'un envoi à Mme Hugo. Comme toujours il s'y montre très tendre à l'égard de sa mère; il rappelle ses bontés, il lui dit que ce fut elle qui guida ses premiers pas, et puisque « le temple des arts s'ouvre à lui », il la prie de le guider encore et de jeter un regard indulgent sur cet essai. Certes, il sait bien qu'il aura à redouter la colère des envieux, mais il ne la craint pas. C'est pour sa mère qu'il chante; et ce qu'il veut, c'est qu'elle daigne agréer cette offrande légère.

Il s'est d'ailleurs appliqué, il prend déjà un très grand souci de la forme, car, en relisant sa tragédie, il y intercale des variantes, modifie une rime, une expression, sans effacer la version première. On sent clairement que c'est la poésie de Racine qui l'a inspiré, mais la vigueur de l'expression n'en est pas moins déjà très remarquable.

C'est dans cette première œuvre dramatique qu'il manifeste avec le plus de vivacité son amour de la royauté. Le sujet est simple : Zobéir, roi d'Égypte, a été dépossédé de son trône par l'usurpateur Actor. Irtamène, ancien capitaine des gardes

de Zobéir, conspire pour lui rendre sa couronne, il soulève le peuple, mais il est vaincu et fait prisonnier. Actor
le tient à sa merci, il peut le faire périr, mais il lui offre la vie
en échange de Phalérie, sa femme, dont il est amoureux. Irtamène se révolte, repousse cet odieux marché. Il sera donc jugé,
mais Zobéir s'introduit dans la prison, veut sauver son ami
et prendre sa place. Irtamène refuse, il est heureux de mourir
pour son roi. Il est donc condamné et va être exécuté. Phoreys,
le confident d'Irtamène, assiste à la scène de l'échafaud et
vient en faire le récit à Phalérie, qui attend avec angoisse le
terrible dénouement. Nous reproduisons ces vers inédits. Si
on songe qu'ils ont été écrits par un enfant de quatorze ans,
ils paraîtront encore plus curieux et plus intéressants.

> Tout était prêt : déjà près de l'antique enceinte,
> Où de nos premiers Rois dort la dépouille sainte,
> S'élevait à nos yeux par la main des bourreaux,
> L'échafaud où devait expirer un héros :
> Le peuple, dans son cœur renfermant ses alarmes,
> Sur son sort en tremblant répandait quelques larmes,
> Mais, hélas! que pouvait sa stérile pitié?
> Par l'aspect du supplice ému, mais effrayé,
> Du tyran furieux redoutant la vengeance,
> N'osant briser son joug, il pleurait en silence.
> Soudain Actor paraît plein de joie et d'orgueil,
> Il semble s'applaudir de ce lugubre deuil,
> Il approche : on frémit; sa garde menaçante
> Repousse à flots pressés la foule gémissante;
> Le monstre de vengeance et de sang altéré
> S'assoit insolemment sur un trône doré.
> Cependant, entouré d'une troupe farouche,
> Le calme dans les yeux, le dédain sur la bouche,
> Le corps chargé de fers, mais l'âme libre encor,
> Irtamène sans crainte avançait à la mort;

Il monte à l'échafaud, et d'un œil intrépide
Contemple des tourments l'appareil homicide,
Puis élevant au ciel ses bras chargés de fers :
Dieux, dit-il, justes Dieux, qui du trône des airs,
Voyez en ce moment le triomphe du crime;
Toi dont j'ai défendu la cause légitime,
Généreux prince, et vous, citoyens impuissans
Que le sort a couchés sous le joug des Persans,
Esclaves malheureux d'une puissance impure,
Je vous prends à témoin! Citoyens, je le jure,
Et par ce que je fais, et par ce que je fis!
Jamais je ne songeai qu'au bonheur de Memphis!
Jamais dans les combats je n'exposai ma vie
Que pour rompre les fers de l'Égypte asservie.
Et si mes derniers vœux peuvent fléchir le sort,
Ah! qu'il rende Memphis heureuse après ma mort!...
Le supplice m'attend, Actor, je te pardonne!
Mais quoi! le désespoir éclate et m'environne....
Vous gémissez!... Adieu, chers citoyens, je meurs,
Mais je meurs pour mon Roi! Séchez d'indignes pleurs,
Il dit, et sans frémir du trépas qu'on apprête
Il présente au bourreau sa généreuse tête.
Le bourreau plein d'horreur, d'une tremblante main
Saisit le fer cruel, il va frapper.... Soudain
Vers les cieux ébranlés s'élève un cri terrible :
Arrêtez, vils Persans! arrêtez, troupe horrible!
Avant de l'immoler, tranchez mes tristes jours....
Tiens, voici ta victime, Actor! A ce discours,
Parmi les flots bruyants de la foule incertaine
Un jeune homme, un héros vole vers Irtamène.
Les bourreaux, à sa vue, ont reculé d'effroi,
Et votre époux surpris a reconnu son Roi.

C'est Zobéir, c'est le Roi qui vole au secours d'Irtamène, qui
invite le peuple à le suivre et à frapper, à vaincre ou à mourir
avec lui.

Soudain, de mille cris, tous les airs sont troublés.
Le peuple se soulève, il s'indigne, il menace,

> Les dangers de son Roi réveillent son audace.
> Las de courber le front sous un joug étranger,
> Il court dans les combats mourir ou se venger.
> Déjà brille le fer, déjà vole la flamme :
> Actor par la terreur sent agiter son âme :
> Il voit un peuple entier, qu'anime le devoir,
> Prêt, pour sauver son prince, à briser son pouvoir.
> Il voit de toutes parts sa garde repoussée,
> Irtamène excitant la foule courroucée,
> Un Roi jeune et vaillant, les armes à la main,
> Vers la gloire et l'honneur lui montrant le chemin.
> Alors, sans hésiter, l'œil enflammé de rage,
> Il court en rugissant au milieu du carnage,
> Tout périt sous ses coups, tout tombe sous son bras,
> Son exemple imprévu ranime ses soldats,
> Ils redoublent d'efforts ; le peuple d'héroïsme ;
> Le sang coule à grands flots. (Que peut le despotisme,
> Contre un peuple ligué qui combat pour son Roi ?)
> Partout plane la mort, partout règne l'effroi.
> Entre les deux partis que guide la vengeance,
> La victoire en suspens tient encore la balance ;
> Mais sans doute les dieux, vengeurs de la vertu,
> La feront triompher sur le crime abattu.

Zobéir et Irtamène triomphent. Actor a payé ses forfaits. Le peuple rappelle son Roi au trône, Zobéir accourt auprès de Phalérie, il est accompagné d'Irtamène qui se jette aussitôt à ses pieds pour lui témoigner sa reconnaissance, car il vient d'être choisi comme premier conseiller du royaume, et il s'adresse ensuite au peuple :

> Et vous qu'a délivrés son sublime héroïsme
> En abhorrant le joug d'un honteux despotisme,
> Peuples, soyez toujours fidèles à ses lois ;
> Quand on hait les tyrans on doit aimer les Rois.

Cette tragédie flattait la passion politique de la mère du jeune poète. Et c'est probablement elle qui l'a disposée encore plus favorablement à encourager la vocation littéraire de Victor. Toujours est-il que Victor n'était pas trop mécontent de sa tragédie puisqu'il dit à sa mère :

> Ce ne sont pas de ces fleurs immortelles
> Dont Racine se pare au céleste banquet;
> Ce sont des fleurs simples et naturelles
> Comme mon cœur; maman, je t'en offre un bouquet.

Cette même année, Victor composait un poème de 364 vers. Le cahier est cartonné et revêtu d'un papier bleu marbré comme le livre d'une blanchisseuse :

LE DÉLUGE
Poème en trois chants.

PAR

VICTOR-MARY HUGO

Puis il inscrit ce vers :

> Jusqu'en ses châtiments, adorons l'Éternel.

et la date : *1816.*

L'écriture est fine et serrée; toujours très méthodique, Victor place un sommaire en tête de chaque chant, et il nous montre Noé racontant à ses enfants un songe où Dieu lui annonce le Déluge et lui ordonne de construire une arche; dans le second chant, c'est Dieu qui prescrit à Gabriel de préparer le Déluge et le Déluge qui éclate; et dans le troisième chant, alors que le fléau a tout détruit, Noé sort de l'arche et a un mouvement de révolte contre Dieu, mais il se repent aussitôt; Dieu lui pardonne et lui annonce que ses enfants devront repeupler le monde.

Il est assez curieux de noter la réflexion de cet enfant

qui trouve que le châtiment est disproportionné avec la faute et qui, par la bouche de Noé, reproche à Dieu sa rigueur.

Ce poème renferme des vers assez colorés. C'est au moment où le fléau se déchaîne sur le monde. Victor nous donne une description mouvementée de la furie des éléments; nous reproduisons un certain nombre de ces vers, qui sont inédits :

> Mais déjà, descendant du sommet des montagnes,
> Les torrents débordés inondent les campagnes,
> Déjà de l'Océan les flots tumultueux
> Portent de tous côtés leur cours impétueux.
> Soudain le ciel se fond en des ruisseaux de pluie;
> Au milieu des forêts, d'un immense incendie
> Les effets sont moins grands, moins désastreux, moins prompts,
> L'onde emporte, détruit, ravage les moissons,
> Se répand dans la plaine, et dans une journée
> Anéantit, hélas! le travail de l'année.
> Malheureux laboureurs, élevés vers les cieux,
> Vos regards vainement implorent vos faux dieux!
> . . . .
> Vous voyez l'Océan inonder vos campagnes,
> La mort vient vous ravir vos frères, vos compagnes,
> Conduits par la terreur sur des rocs élevés,
> C'est pour de plus grands maux, hélas! que vous vivez!
> Vous fuyez à jamais les modestes chaumières
> Où naquirent vos fils, où moururent vos pères,
> Heureux si, de ce toit qui vous vit au berceau,
> Les débris entassés ne sont votre tombeau,
> Ou si votre maison par les eaux engloutie
> En une lente mort ne change votre vie!
> Trop coupables humains, de votre impiété
> Voilà le châtiment terrible et mérité!
> Cependant par les mers les plaines sont couvertes,
> Les monts sont entourés, les villes sont désertes,
> D'un tonnerre lointain les éclats redoublés
> Augmentent la terreur des mortels accablés,
> Et des flancs sulfureux d'une effroyable nue
> L'ombre au loin se répand sur la terre éperdue.

Des rapides éclairs la sinistre lueur
De cette sombre nuit accroît encor l'horreur;
Des fleuves débordés, des ondes blanchissantes,
On entend bouillonner les vagues mugissantes.
Un sourd gémissement sorti du sein des mers
D'un horrible fracas remplit soudain les airs;
De la terre aussitôt les abîmes s'entr'ouvrent,
Des enfers étonnés les plaines se découvrent,
Et du fond de ce gouffre un tourbillon affreux
Répand et la fumée et la flamme en tous lieux.
      .   .   .   .

Cette description est suivie de toutes les tortures des humains, de leurs efforts pour se sauver.

Il paraît que Victor ne fut pas satisfait de son poème, car, à la fin, il adresse ces vers à son frère aîné, Abel :

SUR MON DÉLUGE.

A Abel.

Lorsque mettant pour un mot une phrase,
    Je te peignis, avec emphase,
L'Univers englouti, les mortels foudroyés,
    Mourant sans espoir ni refuge,
    Je crois, Abel, qu'en mon déluge,
    Je me suis moi-même noyé.

Rencontre curieuse : à la même époque, son frère Eugène composait également un poème sur le Déluge. Il y aurait matière à d'intéressantes comparaisons. Victor est surtout soucieux de la mise en scène; Eugène au contraire s'attache à donner un récit.

Ce qui attire Eugène, c'est le drame physique; ce qui passionne Victor c'est le drame humain.

Le dénouement des deux poèmes est différent : il n'y a plus

rien sur la terre dans le poème de Victor ; Eugène au contraire nous représente partout des bois majestueux, des coteaux luxuriants, de gras pâturages.

Eugène nous montre un Noé reconnaissant d'avoir échappé au péril. Victor en fait un révolté d'abord, puis un repentant.

Victor avait écrit *Irtamène*, à quatorze ans : il a un an de plus, il veut entreprendre une nouvelle tragédie en cinq actes. Et dans son *Athélie* ou les *Scandinaves*, il s'efforce d'accumuler les duels, les coups de poignard, les assassinats, les empoisonnements et les suicides ; il a écrit d'abord tout son scénario en deux pages un quart ; puis il le reprend, le développe en déterminant la matière de chaque acte et de chaque scène. Il fait deux actes puis il abandonne sa tragédie.

Mais son besoin de produire ne se ralentit pas. Il veut s'essayer dans un genre nouveau, l'opéra-comique. Le 3 décembre 1817, il construit un scénario de vingt-trois scènes, et il compose son opéra-comique d'une venue avec dialogue et couplets.

En tête du manuscrit ces lettres :

$$a. \quad q. \quad c. \quad h. \quad e. \quad b.$$

C'est le titre : *à quelque chose hasard est bon*.

L'opéra est bouffe et se termine par un « vaudeville général ».

Chaque personnage vient chanter son petit couplet qui se termine régulièrement par le refrain :

A quelque chose hasard est bon.

C'est le vieux vaudeville à couplets. Mais ce qui le préoccupe surtout c'est d'être joué, et à quinze ans, en 1817, il fait recevoir un drame, *Inez de Castro*, à un petit théâtre, le Panorama dramatique. Être joué, c'est toute son ambition; auteur dramatique à quinze ans! Et s'il a un succès! Alors, peut-être, c'est l'École polytechnique abandonnée! Quel coup de fortune! Oui, sans doute; mais il avait compté sans la censure. Et la censure interdit. Déjà! Il avait appris de bonne heure à la connaître. Elle préludait ainsi à l'interdiction du *Roi s'amuse*. Il ne se découragea pas. Il avait de nobles ambitions; pendant qu'il pâlissait sur les mathématiques, n'avait-il pas écrit sur un de ses cahiers, le 10 juillet 1816, cette déclaration : « Je veux être Chateaubriand ou rien ». Chateaubriand était son dieu, ses livres étaient son bréviaire.

La censure avait mis *Inez de Castro* à l'index, qu'importe! Il y avait l'Académie française; il était bien jeune pour concourir pour le prix de poésie puisqu'il n'avait que quinze ans; mais le sujet l'attirait : *le Bonheur que procure l'étude dans toutes les situations de la vie*. Il l'avait donc traité.

Ce n'était pas tout que d'avoir écrit 334 vers, il fallait les porter au secrétariat de l'Institut.

Comment faire? Il était en pension, par conséquent surveillé, gardé, emprisonné. Eût-il réussi à tromper cette surveillance, qu'il aurait manqué de courage pour affronter le secrétariat, il était paralysé par sa sauvagerie.

Et cependant il l'avait travaillé, son sujet, il les avait soignés, ses vers; les autres candidats n'avaient pas de ces pusillanimités. Il se reprochait sa faiblesse. Oui, décidément, il oserait : mais le moyen? Pourquoi ne profiterait-il pas d'un jour de sortie? Mais on marche en rang, comme au régiment. Il aurait fallu s'échapper, à supposer encore que le hasard de la promenade conduisît les élèves du côté de l'Institut. Que de complications, d'impossibilités, sans compter la plus redoutable de toutes, qu'il ne voulait pas s'avouer et qui l'obsédait, malgré son effort pour la vaincre, son invincible timidité. Car il sentait bien, en dépit de son assurance affectée, que lui, petit bonhomme, il n'aurait jamais osé pénétrer dans le sanctuaire, eût-il obtenu de ses maîtres un jour de liberté. Décidément, il garderait ses vers. C'était dommage. Il y avait mis toute son ardeur et toute sa foi. Et son frère? Pourquoi ne porterait-il pas, lui, le précieux manuscrit? C'était l'obstacle levé. Celui-là, oui, mais un autre surgissait : il eût fallu mettre le frère dans la confidence. C'était grave. Il ne voulait pas lui avouer sa hardiesse, un peu par amour-propre, beaucoup par délicatesse. Car enfin s'il réussissait, il tenait à ménager la surprise; s'il échouait, il voulait dissimuler la déconvenue. Alors comment se tirer de toutes ces difficultés, à qui livrer ses inquiétudes, à qui confier son secret? Mais à Biscarrat, son maître d'études, qu'il aimait bien et qui avait pour lui une tendresse paternelle. Biscarrat était l'homme désigné. Biscarrat était le confident tout indiqué pour remplir une aussi grave mission. Que n'y avait-il pas songé plus tôt? Biscarrat aime les vers, Biscarrat trouvera bien un moyen pour pénétrer dans le sanctuaire. Mais il est retenu, lui aussi. Et puis, il n'y a plus une minute à perdre. Jeudi on sort. Qui va conduire les élèves en promenade? C'est Biscarrat précisément. Heureuse chance! Mais comment emmener toute la petite troupe à l'Institut? Sous quel prétexte? Biscarrat en fait son affaire. On part, bien en rang, on gagne les quais. On arrive devant le dôme. Biscarrat s'arrête.

« Vous ne connaissez pas l'Institut? Oh! voyez ces lions, ces beaux lions! sont-ils assez beaux, ces lions? »

Et Biscarrat ayant réussi à retenir l'attention de ses élèves pendant un instant, file à toutes jambes, suivi de Victor, franchit la cour, entre au secrétariat, dépose le manuscrit et revient au galop rejoindre les enfants. Victor, très ému, est très étonné que le sanctuaire ait été si hospitalier.

L'Académie lui décerna une mention.

Il avait eu l'imprudence de dire dans sa pièce qu'il était âgé seulement de quinze ans :

> Moi qui, toujours fuyant les cités et les cours,
> De trois lustres à peine ai vu finir le cours.

« Si *véritablement* il n'a que cet âge... » avait dit le rapporteur. Ce *véritablement* a prêté à beaucoup de commentaires : les uns ont dit que l'Académie avait voulu l'encourager en lui donnant une mention; les autres ont affirmé qu'elle avait cru être mystifiée et qu'elle avait voulu lui faire payer son audace en ne lui accordant pas une plus haute récompense.

C'est évidemment cette interprétation qui est la vraie; le *Si véritablement* veut dire : « Si cela était vrai, ce serait trop beau, mais nous ne le croyons pas et, pour avoir voulu nous prendre pour des imbéciles, nous vous montrerons que nous ne sommes pas dupes en vous infligeant une petite leçon ».

Et Victor, en cela d'accord avec l'opinion de l'époque, avait si bien compris que c'était là le sens qu'il fallait donner au *véritablement*, qu'ayant à cœur le soupçon de l'Académie, il écrivit aussitôt cette lettre au secrétaire perpétuel :

A Monsieur Raynouard,

Secrétaire perpétuel de l'Académie française.

Paris, le 31 août 1817.

« Monsieur,

« Retenu par une légère indisposition, je ne puis avoir l'honneur d'aller moi-même vous témoigner ma reconnaissance de la faveur que l'Académie française a daigné me faire en accordant une mention honorable à la pièce n° 15 dont je suis l'auteur. Ayant appris que vous aviez élevé des doutes sur mon âge, je prends la liberté de vous remettre cy-inclus mon acte de naissance. Il vous prouvera que ce vers

> Moi qui...
> De trois lustres à peine ai vu finir le cours,

n'est point une fiction poétique. »

XXII

PREMIÈRES RELATIONS AVEC F. DE NEUFCHATEAU

Toujours est-il qu'une mention, surtout à un enfant de quinze ans, était une haute récompense. Et peut-être M. Raynouard reconnut-il lui-même que l'Académie avait eu tort de faire payer au jeune poète sa suspicion, car il lui manifesta un grand empressement à faire sa connaissance. L'entrevue fut plutôt solennelle. Victor trouva un personnage hautain, très pénétré de l'importance de son titre et de sa valeur. Cette attitude, familière cependant à M. Raynouard, n'en surprit pas moins le jeune écolier. Son succès à l'Académie lui valut l'amitié de M. François de Neufchâteau.

C'était un personnage : comte de l'empire, poète, magistrat, ancien ministre, ayant, dans les heures les plus agitées, disposé du sort de la France et montré toujours une grande probité et un grand courage. Ce qui rend curieuse cette rencontre, c'est que François de Neufchâteau avait fait des vers à douze ans, qu'il avait publié un volume sous ce titre : *Pièces fugitives de*

M. François de Neufchâteau en Lorraine, âgé de quatorze ans, et qu'il reçut de Voltaire ces vers flatteurs :

> Il faut bien que l'on me succède
> Et j'aime en vous mon héritier.

N'y voit-on pas une analogie de début avec Victor Hugo qui faisait des vers à treize ans, qui écrivait sur ses cahiers de poésie : *les Bêtises que je faisais avant ma naissance* et qui se liait avec Chateaubriand?

Inutile de dire que l'analogie s'arrête là. Quand Victor connut François de Neufchâteau, celui-ci avait soixante-sept ans; ils échangèrent des poésies, et le doyen de l'Académie reçut à sa table le jeune lauréat, l'élève du lycée Louis-le-Grand.

Pendant que Victor avait déjà une manière de célébrité, il suivait avec Eugène les cours de philosophie, de mathématiques élémentaires et de physique au collège Louis-le-Grand.

C'était encore un prêtre, M. Maugras, qui avait abandonné les ordres, qui était professeur de philosophie : c'était le quatrième prêtre comme éducateur. Il n'était pas banal de voir un lauréat de l'Académie en poésie déchiffrer des problèmes et obtenir un accessit de physique au concours général.

Aux vacances, on fonda un dîner littéraire à 2 francs par tête au restaurant Édon, rue de l'Ancienne-Comédie. Victor y lut *les Derniers Bardes*, *l'Achéménide* de Virgile.

On décida de faire un livre en commun. Chacun devait y apporter sa contribution et raconter une histoire. Mais il fallait fixer un délai.

« Quinze jours! s'écria Victor.

— Quinze jours! protestèrent les collégiens.

— Oui, quinze jours, et pour un roman encore.

— Folie !

— Un pari.

— Soit.

— Un dîner pour tous. »

Au jour dit, Victor lut à ses camarades *Bug-Jargal*. Et ce qui est curieux, c'est que cette nouvelle contient la silhouette de quelques-uns des personnages créés plus tard par Victor Hugo.

Bug-Jargal est, suivant la remarque de M. Barbou, comme Ruy-Blas, amoureux d'une étoile, il meurt comme Hernani pour le point d'honneur; la chute de l'*Obi* au fond d'un gouffre ressemble, par ses péripéties, à la chute de Claude Frollo du haut de Notre-Dame et Habibrah a une parenté avec Quasimodo et Triboulet. C'est là qu'on retrouverait, à seize ans, la profession de foi à laquelle il est resté fidèle toute sa vie : l'amour de la liberté, la pitié pour la souffrance, la défense des opprimés.

Ce poète, ce romancier, ce lauréat de l'Académie était encore un écolier. Il assistait régulièrement à toutes ses classes, mais un peu distraitement. Et ce fut Chateaubriand qui faillit le faire expulser. Il se passionnait alors pour *le Génie du Christianisme* si bien que c'était en réalité son livre de classe. Pendant que le professeur était au tableau et expliquait un problème, Victor était plongé dans son Chateaubriand, qui l'absorbait tellement qu'il ne suivait guère ce qui se passait dans la classe. Fureur du maître, qui confisqua le volume avec menace d'expulsion.

XXIII

SORTIE DE COLLÉGE

ENFIN, en août 1818, les deux frères quittèrent la pension et le collège. C'était la délivrance : plus de rhétorique, de mathématiques, de professeurs, de pions, de pensums, plus de latin et plus de chiffres! Ah! on allait leur dire leur fait à tous ces bourreaux.

> Marchands de grec! marchands de latin! cuistres! dognes!
> Philistins! magisters! Je vous hais, pédagogues!
>
> . . . .
> . . . . Mon sang bout
> Rien qu'à songer au temps où, rêveuse bourrique,
> Grand diable de seize ans, j'étais en rhétorique!
> Que d'ennuis! de fureurs! de bêtises! — gredins!
> Que de froids châtiments et que de chocs soudains [1]!

Voilà de bien gros mots pour de bien petites choses! C'est que nos contrariétés les plus légères nous laissent de grosses rancunes, ce qui prouve bien que nous étions heureux et que nous n'étions pas toujours justes.

1. *Les Contemplations.*

On est jeune, on a le goût de la liberté. On se souvient plus d'un jour de retenue que des années de dévouement et de sollicitude des maîtres; et, pour bien souligner la barbarie assez anodine des geôliers, on raconte l'idylle imaginaire du prisonnier dont on ferme la porte à double tour.

> Dimanche en retenue et cinq cents vers d'Horace;
> Je regardais le monstre aux ongles noirs de crasse,
> Et je balbutiais : « Monsieur.... — Pas de raisons !
> Vingt fois l'ode à Plancus et l'épître aux Pisons ».
> Or, j'avais justement, ce jour-là, — douce idée,
> Qui me faisait rêver d'Armide et d'Haydée —
> Un rendez-vous avec la fille du portier.
> Grand Dieu ! perdre un tel jour ! le perdre tout entier !
> Je devais, en parlant d'amour, extase pure !
> En l'enivrant avec le ciel et la nature,
> La mener, si le temps n'était pas trop mauvais,
> Manger de la galette aux buttes Saint-Gervais !
> Rêve heureux ! je voyais, dans ma colère bleue,
> Tout cet éden, congé, les lilas, la banlieue,
> Et j'entendais, parmi le thym et le muguet,
> Les vagues violons de la mère Saguet !
> O douleur ! Furieux, je montais à ma chambre,
> Fournaise au mois de juin et glacière en décembre.

Mais sa vraie maladie, il la dévoile :

> J'étais alors en proie à la mathématique.
> Temps sombre ! Enfant ému du frisson poétique,
> Pauvre oiseau qui heurtais du crâne mes barreaux,
> On me livrait tout vif aux chiffres, noirs bourreaux;
> On me faisait de force ingurgiter l'algèbre;
> On me liait au fond d'un Boisbertrand funèbre;
> On me tordait, depuis les ailes jusqu'au bec,
> Sur l'affreux chevalet des X et des Y;
> Hélas ! on me fourrait sous les os maxillaires
> Le théorème orné de tous ses corollaires;

> Et je me débattais, lugubre patient
> Du diviseur prêtant main-forte au quotient.
> De là mes cris [1].

Eh bien oui, voilà la vérité, voilà la source de ses cris contre les maîtres. Au fond, ce n'était pas à eux qu'il en voulait. Ils remplissaient consciencieusement leur devoir, mais ils ne pouvaient pas parer de grâces l'algèbre et donner aux x et aux y l'harmonie des violons de la mère Saguet. Il fallait bien se venger contre quelqu'un des tortures infligées par les mathématiques. Le maître était tout désigné, c'était lui qui les personnifiait, il essuyait toutes les rancunes qu'un dictionnaire ou un traité aurait accueillies avec indifférence.

Il ne lui reprochait certes pas de les avoir inventées, mais assurément de les avoir comprises. Voyez donc cet idéal de réduire les fractions au même dénominateur, comprenez donc la beauté d'expliquer un théorème, saisissez la grâce de dégager un quotient. Et il y avait « des bonshommes » qui osaient manier ces instruments de torture, qui étaient les complices de cette machination infernale en contrariant sa vocation?

Ah! comme on reconnaît bien là l'écolier! il était bien écolier, et, comme tel, il voulait voler de ses propres ailes, lui surtout, dont les ailes avaient poussé trop tôt, à l'âge où il était encore dans son nid.

Mais ce n'était là qu'une boutade, car il le regrettait plus tard, ce beau temps ;

> O temps! Jours radieux! Aube trop tôt ravie!
> Pourquoi donc Dieu met-il le meilleur de la vie
> Tout au commencement?

1. *Les Contemplations.*

Et, quand il a revu plus tard les vieux dictionnaires, les vieux traités, les vieux livres de classe, et qu'il retrouvait sur leurs pages la trace des doigts qui les avaient feuilletés, il les regrettait, ces petits tyrans, comme de fidèles compagnons qui avaient emporté avec eux sa jeunesse, comprenant alors que nous passons notre vie à déplorer ce que nous avons et à regretter ce que nous n'avons plus.

A-t-on jamais parlé avec plus d'attendrissement que lui de ses premiers maîtres? et s'il a, en un jour de pensum et de retenue, maudit le pauvre pion, il ne s'en souvient plus tard qu'avec émotion, lorsque l'âge lui a donné un plus exact sentiment de la justice. Comme il parle avec une mélancolie tendre du maître d'études :

> Songez que, triste, en butte au souci dévorant,
> A travers ses douleurs, ce fils de la chaumière,
> Vous verse la raison, le savoir, la lumière,
> Et qu'il vous donne l'or, et qu'il n'a pas de pain.
>
> . . . .
>
> Pesez ce qu'il prodigue avec ce qu'il reçoit.
> Oh! qu'il se transfigure à vos yeux et qu'il soit
> Celui qui vous grandit, celui qui vous élève,
> Qui donne à vos raisons les deux tranchants du glaive :
> Art et science, afin qu'en marchant au tombeau
> Vous viviez pour le vrai, vous luttiez pour le beau!
> Oh! qu'il vous soit sacré dans cette tâche auguste
> De conduire à l'utile, au sage, au grand, au juste,
> Vos âmes en tumulte à qui le ciel sourit!
> Quand les cœurs sont troupeau, le berger est esprit [1].

Quel plus délicat et touchant hommage à ceux qui lui avaient versé la raison, le savoir, la lumière! On est un phi-

---

1. *Les Contemplations.*

listin et un pédant quand on vous donne cent vers à copier, on est un sage quand on vous arme pour la lutte du vrai et du beau. Nous avons tous prononcé les mêmes malédictions et entonné les mêmes hosannahs, et les écoliers qui devaient devenir plus tard des professeurs, ont conçu, contre leurs anciens maîtres, les mêmes rancunes qu'ils devaient à leur tour provoquer contre eux-mêmes.

Victor n'en éprouva pas moins un grand soulagement d'être désormais à l'abri de l'École polytechnique. Il habitait alors avec sa mère au troisième étage de la rue des Petits-Augustins, 18. Il pouvait se consacrer à sa distraction favorite et envoyer des vers aux journaux :

> Lorsque j'étais enfant, sortant de rhétorique,
> J'envoyais aux journaux de la prose lyrique
> En l'honneur des géants du sombre esprit humain;
> J'essayais d'expliquer leur but et leur chemin,
> Ce qu'ils faisaient; pourquoi la Bible est la première
> Et plus bas l'Iliade; et je disais pourquoi
> Molière demi-dieu passe Corneille roi;
> Ce qu'est Milton [1].   .   .   .   .

Il disait tout cela, il vantait les « écrivains du grand livre infini », Job, Jérémie, Dante, Shakespeare, Eschyle :

> Et tout bas une voix me disait : « O croyant,
> Le ciel t'a mis dans l'âme une lyre ingénue.
> Non, ne t'arrête pas! Tu fais bien, continue! »

Et il continuait, faisant résonner sa lyre pour les grands hommes, pour la vérité, pour la sagesse et pour la justice.

1. *Toute la Lyre.*

XXIV

PREMIÈRES ODES

Pendant l'hiver de 1819-1820, Victor et Eugène accompagnèrent presque tous les soirs leur mère chez les Foucher. Mme Hugo, Mme Foucher et sa fille travaillaient à l'aiguille; M. Foucher lisait, et les enfants restaient silencieux : c'était le programme habituel de ces petites réunions intimes qu'aucune conversation ne troublait. On avait la ressource de se regarder.

L'attrait ne devait pas être bien grand. Malgré ce silence, Victor éprouvait un plaisir infini à se rencontrer avec Adèle sans lui adresser la parole. Il la contemplait. Et il était toujours impatient de quitter sa maison et jamais pressé de quitter les Foucher. Personne n'avait soupçonné que depuis longtemps déjà, alors qu'on jouait dans le jardin des Feuillantines, Victor avait regardé tendrement Adèle.

Il partageait son temps entre les visites aux Foucher et son travail.

Ses premiers succès avaient été pour lui un premier stimulant; et, s'il avait l'ambition de réussir dans une carrière à laquelle il était attaché, en dépit des efforts tentés par son père pour l'en éloigner, c'était surtout parce qu'il tenait à flatter l'amour-propre de celle qu'il aimait, à lui prouver qu'il était digne d'elle, qu'il saurait bien justifier la confiance qu'elle avait en lui pour décourager toutes les hostilités et désarmer toutes les défiances.

Il multipliait les promenades dans Paris où il était à l'affût de tout ce qui pourrait servir son inspiration poétique. Un jour, on transporta de l'atelier du sculpteur au Pont-Neuf, la statue équestre de Henri IV. Alors qu'ayant sept ans, il voulut se trouver sur le passage de Napoléon, il en avait maintenant dix-sept et il tenait à ne pas manquer à ce petit voyage.

Il arriva au moment où les vingt chevaux, traînant le lourd fardeau, s'approchaient du quai. La foule suivait le bronze enveloppé d'un voile vert, et lui ne le perdait pas des yeux. Tout à coup le cortège s'arrêta. On était au quai : la montée était trop rude. Les chevaux n'en pouvaient plus. La foule a pitié des bêtes quand elles peinent, à plus forte raison quand elles sont malmenées, avec brutalité, par des charretiers. En un instant elle les détela, puis elle tira, poussa elle-même et Victor, lui aussi, donna son coup de main et son coup d'épaule.

> Par mille bras traîné, le lourd colosse roule.
> Ah ! volons, joignons-nous à ces efforts pieux.
> Qu'importe si mon bras est perdu dans la foule!
> Henri me voit du haut des cieux [1].

1. *Odes et Ballades.*

Et le lourd colosse en effet gravit la montée grâce à ce gigantesque effort humain. Victor revint très impressionné par ce spectacle. Il en fit un récit très mouvementé à sa mère. L'Académie de Toulouse ouvrait à ce moment un concours et offrait comme sujet le *Rétablissement de la statue de Henri IV*. Quelle excellente occasion ! Victor était très pénétré de son sujet. Mais Mme Hugo fut atteinte presque aussitôt d'une fluxion de poitrine. Il n'y avait plus à songer à autre chose qu'à la soigner. Victor était d'ailleurs inquiet et ne quittait pas sa mère une minute, il passait des nuits. Il ne fut plus question du concours. Cependant, un jour d'accalmie, Mme Hugo dit brusquement à son fils :

« Et ton ode ? »

Victor n'osa rien répondre.

« Où en es-tu ? es-tu avancé ? »

Nouveau silence. Il la regardait, hésitant à lui dire la vérité pour ne pas la contrarier. Mais comme elle le pressait, il répondit :

« J'ai déjà envoyé mon ode *les Vierges de Verdun*, je concours donc pour un des prix.

— Oui, mais l'ode sur le *Rétablissement de la statue de Henri IV* ?

— Je n'en ai pas écrit un vers.

— Il faut t'y mettre.

— Je n'en aurais plus le temps. Il faudrait l'envoyer demain matin. C'est donc trop tard.

— Ah ! »

Mme Hugo ne dit plus rien ; elle était attristée, elle s'en

voulait presque d'avoir été malade ; son fils ne concourait pas à cause d'elle. Elle ne put dissimuler son chagrin. Victor s'en aperçut. Et, au moment où elle s'assoupissait, il se mit à une table, prêt à veiller toute la nuit. Il se rapprocha du lit de la malade, la regarda avec une tendre compassion et travailla. Le jour arrivait, il avait terminé son ode, écrit cent vingt vers ; il avait déposé discrètement le manuscrit sur le lit, et s'était retiré.

Sa mère, en se réveillant, trouva l'ode. Son visage s'illumina, et quand Victor revint, elle l'embrassa. Et sa joie fut plus grande encore quand elle apprit que *les Vierges de Verdun* avaient l'amaranthe d'or et le *Rétablissement de la statue de Henri IV*, le lys d'or. Eugène, en même temps, avait des mentions et ses vers imprimés dans le recueil des Jeux floraux.

Soumet écrivait à Victor Hugo : « Depuis que nous avons vos odes, monsieur, je n'entends parler autour de moi que de votre beau talent et des prodigieuses espérances que vous donnez à notre littérature. Si l'Académie partage mes sentiments, Isaure n'aura pas assez de couronnes pour les deux frères. Vos dix-sept ans ne trouvent ici que des admirateurs, presque des incrédules. Vous êtes pour nous une énigme dont les Muses ont le secret. »

Sa mère ne disait-elle pas :

« C'est une fée qui lui parle et qu'on ne voit pas. »

Son ode de *Moïse sur le Nil* lui valut un troisième prix. Il devenait ainsi, de droit, maître ès Jeux Floraux. Il reçut le diplôme. En voici le libellé, qui n'a pas été publié et qui est assez curieux :

Victor écrivit l'ode sur le *Rétablissement de la statue de Henri IV*,
tout en veillant sa mère malade.

Nomination comme maître ès Jeux Floraux, 1820.

« Les mainteneurs et maîtres des Jeux Floraux,

« A tous ceux qui verront ces lettres, Salut.

« Il est juste d'accorder des marques de distinction aux gens de lettres qui, par leurs talents et leurs ouvrages, ont mérité plusieurs fois nos prix. C'est pourquoi, M. Hugo (Victor-Marie), de Besançon, ayant remporté trois prix d'ode, nous l'avons nommé *maître ès Jeux Floraux*, avec droit d'assister à toutes les assemblées publiques et particulières relatives au jugement des ouvrages, à l'adjudication et à la distribution des prix, conformément à nos statuts. En foi de quoi, ces lettres lui ont été expédiées par le secrétaire perpétuel et scellées du grand sceau de l'Académie.

« A Toulouse, le vingt-huit avril mille (*sic*) huit cent vingt.

« *Le Secrétaire perpétuel,*
« PINAUD. »

Cette jeune gloire naissante infligeait, par sa précocité, un éclatant démenti aux appréhensions du général Hugo et justifiait les encouragements de Mme Hugo.

Victor était si heureux que l'Académie de Toulouse eût récompensé ses efforts, et en même temps que son succès eût rendu la santé à sa mère, qu'il remercia ainsi l'Académie des Jeux Floraux :

> Salut ! — Enfant, j'ai pour ma mère
> Cueilli quelques rameaux de vos sacrés bosquets,
> Votre main s'est offerte à ma main téméraire,
> Étranger, vous m'avez accueilli comme un frère
> Et fait asseoir à vos banquets.

XXV

PREMIER SOUPIR

Mais il n'y avait plus pour lui, en cet instant, ni rameaux, ni bosquets, il n'y avait que des soupirs pour celle qu'il aimait. Un sentiment violent, son amour pour Adèle Foucher, le dominait tout entier. Il ne pensait plus qu'à elle, cédant à une profonde irritation lorsqu'elle s'éloignait pour aller en villégiature à Issy.

> Chacun de vous peut-être en son cœur solitaire
> Sous des ris passagers étouffe un long regret.
> Hélas! nous souffrons tous ensemble sur la terre
> Et nous souffrons tous en secret.

Il souffrait en secret; il n'avait pas voulu confier son amour à sa mère, dans la crainte de résistances, peut-être aussi par le désir de conserver le plus longtemps possible ses illusions et ses espérances. Il l'exaltait davantage pour le fortifier, puisait une énergie nouvelle pour le mieux défendre. Puis il s'abandonnait à ses terreurs. Si son amie allait lui être ravie! si les Foucher montraient de l'hostilité! Et il grossissait encore les difficultés, les obstacles, comme s'il eût cherché à élargir la plaie de son amour pour en sentir mieux l'âcre volupté. Son *Premier Soupir*, qu'il adressait à Adèle, était presque une lamentation.

> Va, le sort te sourit encore;
> Le ciel ne peut vouloir, dissipe tout effroi,
> Qu'un jour triste succède à ta joyeuse aurore,
> Le ciel doit m'écouter quand pour toi je l'implore,
> Notre avenir commun ne pèse que sur moi!
>
> Bientôt tu peux m'être ravie,
> Peut-être loin de toi, demain j'irai languir;
> Quoi, déjà tout est sombre et fatal dans la vie,
> J'ai dû t'aimer, je dois te fuir.
>
> Puis, hélas! — sur mon front, que le malheur retombe!
> Il faudra qu'à l'absence, à de nouveaux désirs
> Un sentiment bien doux succombe;
> Tu m'oublieras dans les plaisirs,
> Je me souviendrai dans la tombe.
>
> Oui, je mourrai [1]. . . . .

Étaient-ils assez tristes, ces vers? mais n'étaient-ils pas destinés à provoquer un élan plus passionné d'Adèle, à l'armer contre les résistances possibles?

Il voulait mourir, mais n'était-ce pas pour amener Adèle à lui dire qu'il ne devait pas mourir, puisqu'elle l'aimait? Et ils s'écrivent : Victor a dix-sept ans, Adèle en a seize, l'âge des belles audaces amoureuses, des dangereuses imprévoyances, des tyrannies du cœur plus impérieuses que les inquiétudes matérielles, plus fortes que les calculs du lendemain.

---

1. *Odes et Ballades.*

Une correspondance tendre, pleine de promesses et d'engagements, d'espoir et de confiance, encourageait, pendant les premiers mois de 1820, l'idylle nouée à la fin de 1819.

Comme elles étaient langoureuses, tendres, pressantes, passionnées, ces lettres d'amour!

> O mes lettres d'amour, de vertu, de jeunesse,
> C'est donc vous! Je m'enivre encore de votre ivresse,
>   Je vous lis à genoux.
>   .   .   .   .
> O temps de rêverie et de force et de grâce!
> Attendre tous les soirs une robe qui passe!
>   Baiser un gant jeté!
> Vouloir tout de la vie, amour, puissance et gloire!
> Être pur, être fier, être sublime et croire
>   A toute pureté [1]!

Et ces temps de rêverie étaient les temps heureux, les temps regrettés plus tard, qu'on repasse ensuite avec une sorte de jouissance attendrie, surtout lorsqu'ils apparaissent dépouillés des incertitudes de l'avenir qui en voilaient parfois le charme ou laissaient quelques traces d'amertume dans le trouble d'un dénouement encore brumeux.

Car il y eut l'heure mélancolique, l'heure où, en face du rêve charmant caressé, se dressait la réalité maussade, où la pauvreté était l'ennemie de l'amour. Que pouvait l'union, même étroite, de deux cœurs, contre les cruelles nécessités de l'existence! Ils n'avaient que trente-cinq ans à eux deux et pas de situation ni de dot. Les marier, c'eût été de l'imprudence et de l'imprévoyance; M. et Mme Foucher auraient peut-être favorisé ces espérances, mais il eût fallu l'accord des deux familles;

1. *Les Feuilles d'automne.*

la sagesse commandait de ne pas entretenir, dans l'esprit de leur fille, des illusions qui risquaient un jour d'être détruites.

Une entrevue décisive avec Mme Hugo fut reconnue indispensable : elle eut lieu le 26 avril 1820, juste un an après le premier aveu. Le premier mouvement de Mme Hugo fut la surprise. Victor amoureux ! Allons donc ! Est-ce qu'elle n'aurait pas su, elle, sa mère, qui le connaissait bien, qui l'avait élevé, quels étaient les sentiments de son fils ? Non, non, il n'aimait pas. C'était un caprice et un caprice passager. Est-ce que son Victor ne pouvait pas espérer un meilleur parti ? Elle ne se donna même pas la peine d'interroger et de réfléchir, laissa déborder son cœur : « Proche ou lointain, ce mariage est impossible ; jamais, moi vivante, il ne se fera ». Elle voulait se convaincre que son amour maternel, la raison et l'intérêt lui conseillaient cette ferme résolution. Elle n'oubliait qu'une chose, c'était de consulter celui qui pouvait le mieux l'éclairer. Et lorsqu'elle vit Victor, muet, immobile, le visage contracté, dans une attitude morne, elle dut se rendre à l'évidence : Victor aimait.

On se sépara, on se brouilla avec les Foucher. Et plus tard, Victor raconte, dans une lettre à Adèle, la douloureuse entrevue. « C'est le 26 avril 1820 que nos deux familles apprirent ce que nul n'avait le droit de lire dans nos âmes, excepté nous. C'est d'un 26 avril que dataient nos espérances ; c'est d'un 26 avril que date mon désespoir ; je n'ai eu qu'une année de bonheur et voici la seconde année de malheur qui commence. Arriverai-je à la troisième ?

« Tu ne sais pas, Adèle, et c'est un aveu que je ne puis faire qu'à toi, tu ne sais pas que le jour où il fut décidé que je ne te verrais plus, j'ai pleuré! Oui, pleuré, comme je n'avais pas pleuré depuis dix ans, comme je ne pleurerai sans doute plus. Je supportai une discussion pénible, j'entendis même l'arrêt de notre séparation avec un visage d'airain; puis, quand tes parents furent partis, ma mère me vit pâle et muet, elle devint plus tendre que jamais, elle essaya de me consoler; alors je m'enfuis, et quand je fus seul, je pleurai amèrement et long-temps.

« ... Puisque je ne puis être près de toi, il n'y a plus de femme au monde pour moi que ma mère; dans les salons où j'ai été jeté, on me croit l'être le plus froid qu'il y ait, nul ne sait que j'en suis le plus passionné[1] ».

Il avait pleuré, c'était la détente après l'effort violent de contrainte qui avait exaspéré sa souffrance et son amour.

Il aimait peut-être encore davantage en songeant à la diffi-culté de conquérir celle à laquelle il était prêt à donner sa vie tout entière. Sa pauvreté était son ennemie la plus redou-table. Il travaillerait. N'avait-il pas remporté un nouveau prix au concours de Toulouse avec *Moïse sur le Nil*?

N'était-il pas devenu maître ès Jeux Floraux? C'était un stimulant, une prime à son activité qui grandissait avec les résistances.

1. *Lettres à la fiancée.*

XXVI

« LE CONSERVATEUR LITTÉRAIRE »

Depuis le mois de décembre 1819, Victor avait fondé, avec son frère Abel, une Revue bimensuelle, *le Conserva-, teur littéraire*. Il n'avait vu là d'abord qu'une occasion de gagner de l'argent, il comprit bien vite qu'il pourrait faire de ce recueil, non pas seulement un instrument de ses idées, mais le confident de son amour, le messager de son cœur. Il dirait là ce qu'il ne pouvait plus écrire, et il avait trouvé, dans une chronique de Lambert, moine du xv° siècle, l'histoire de Raymond d'Ascoli, jeune poète, disciple de Pétrarque, qui, vers le milieu du xiv° siècle, devint amoureux d'Emma Stravaggi. Le père, ayant découvert cette passion, le chassa, et Raymond, désespéré, s'alla donner la mort dans le lieu même où venait chaque matin son amie. Il avait dix-huit ans.

Comme le sujet s'adaptait merveilleusement à sa situation, à son état d'esprit! Comme il répondait à ses aspirations et traduisait ses amertumes et ses angoisses! Et pour calmer la fièvre de son cœur, dans l'espérance aussi qu'Adèle lirait *le Conservateur*, il composa une élégie sur Raymond d'Ascoli, qu'il publia dans le numéro de juillet 1820.

« La lettre de Raymond à Emma, dit M. Biré, n'était pas autre chose qu'un message d'amour adressé par le poète à celle qu'il aimait depuis l'âge de neuf ans : l'âge auquel Dante était tombé amoureux de Béatrix Portinari. »

C'est, à cette époque, de 1819-1820 qu'il donna des preuves éclatantes de la souplesse de son intelligence, de la fécondité de son imagination, de l'infinie variété de ses ressources.

Il écrivait sous onze signatures : Victor-Marie Hugo, V.-M. Hugo, M.-V. d'Auverney, Aristide, B, H, E, M, M***, U, V, des articles, des nouvelles, des variétés et de la critique sous toutes ses formes.

On compte jusqu'à 104 morceaux littéraires sur les 272 qui furent publiés. Il cachait tant qu'il pouvait sa personnalité, prenant tous les aspects et tous les déguisements. C'est ainsi qu'il essaie de se faire passer pour un vieil érudit, ce qui ne lui est pas trop difficile, car il dénonce, avec une grande sûreté d'information, tous les plagiats d'auteurs célèbres dont il a surpris la supercherie en citant les auteurs les plus ignorés. Il pousse même la coquetterie jusqu'à se donner comme un goutteux. Il annonce un article pour le prochain numéro « si Dame Arthritis le permet »

On retrouverait, dans ses Essais, des principes de libéralisme fort peu en honneur cependant dans le milieu où il vivait. Ce qui attestait déjà l'indépendance de son jugement.

Il s'exerçait dans la critique littéraire, la critique d'art, la critique dramatique et même la critique musicale.

Érudit, oui, il l'était, vieil érudit aussi, tant il apportait d'autorité et de maturité dans ses discussions. Il avait beaucoup lu et beaucoup retenu.

Il admire Boileau, Racine, s'affranchit même de ses préjugés de naissance en rendant justice à Voltaire. Il aime les écrivains du xviiᵉ siècle. Il est plutôt classique, quoiqu'il ne tienne guère aux mots et aux formules. Il s'oriente vers le romantisme, quoiqu'il ne comprenne pas bien l'importance et la signification qu'on cherche à donner à un mot. C'est un libre esprit, qui admire ce qui est beau sans se coller une étiquette ou s'affubler d'une livrée.

Il recherche les hommes qui travaillent, qui luttent et qui pensent.

Il fait la connaissance d'Alfred de Vigny ; il se lie avec Lamartine, qui raconte, dans le 83ᵉ entretien, leur première rencontre : « Je me souviens comme d'hier, du jour où le beau duc de Rohan, alors mousquetaire, depuis cardinal, me dit, en venant me prendre dans ma caserne du quai d'Orsay : « Venez voir un phénomène qui promet un grand « homme à la France. Chateaubriand l'a déjà surnommé « enfant sublime. Vous serez fier aussi un jour d'avoir vu le « chêne dans le gland. » Nous partîmes. J'entrai sur les pas du duc de Rohan, dans une maison obscure de la rue du Pot-de-Fer, au fond d'une cour, au rez-de-chaussée ; un bourdonnement d'enfants qui répètent leurs leçons, sortait des fenêtres basses comme un bourdonnement de ruches qui font le miel au printemps; un rayon oblique de soleil pénétrait dans la ruche; une mère grave, triste, affairée, y faisait réciter des devoirs à des enfants de différents âges. C'étaient ses fils.

« Elle nous ouvrit une salle basse, un peu isolée, au fond de laquelle un adolescent studieux, d'une belle tête lourde et sérieuse, écrivait ou lisait loin du gai tumulte de la maison. C'était Victor Hugo, celui dont la plume aujourd'hui fait le charme et l'effroi du monde. »

Chateaubriand avait prononcé ce mot célèbre alors, contesté naguère par quelques-uns, justifié en tout cas par l'avenir, à l'occasion de l'ode que Victor Hugo avait écrite sur *la Mort du duc de Berry*.

Cette ode avait eu un grand retentissement lorsqu'elle parut en février 1820. Le 9 mars, François de Neufchâteau adressait, à ce sujet, à Victor Hugo, cette lettre qui est inédite ·

Paris, le 9 mars 1820.

« Mon jeune ami,

« Je vous ai envoyé une copie de la réponse que j'ai reçue de M. le duc de Lévis au sujet de votre ode. Voici quelque chose de mieux. Je crains seulement qu'il y ait de l'équivoque et du hasard dans l'envoi que M. le duc de Richelieu annonce vous avoir fait sans savoir votre adresse. Il est probable qu'il vous a adressé chez votre imprimeur la gratification dont il me parle. Informez-vous de suite et tenez-moi au courant afin que je sache ce que je dois répondre à ce bon président du Conseil des ministres. Je vous salue et vous félicite de tout mon cœur.

« FRANÇOIS DE NEUFCHATEAU. »

A cette lettre était jointe la copie de la lettre du duc, timbrée : *Présidence du Conseil des ministres.*

Paris, le 9 mars 1820.

« Monsieur le Comte,

« Ainsi que j'ai eu l'honneur de vous le mander dernièrement, j'ai mis sous les yeux du Roi l'ode composée par M. Hugo, de Toulouse[1], sur le déplorable événement du 13 février, Sa Majesté a apprécié les sentiments qui l'ont dictée et le talent remarquable que l'auteur annonce. Elle a désiré lui donner un témoignage de sa satisfaction, et j'ai le plaisir de vous annoncer que, d'après les ordres du Roi, je viens de faire parvenir à M. Hugo une gratification de 500 francs.

« Je désire, monsieur le Comte, que la nouvelle de cette récompense que vous avez sollicitée pour M. Hugo vous soit aussi agréable que j'ai du plaisir à vous l'annoncer.

« Recevez, monsieur le Comte, etc.

« *Signé* : RICHELIEU. »

Le roi, en effet, était un des lecteurs assidus de Victor Hugo. Il se faisait lire et relire les odes et même il les annotait de sa main; il avait tenu à récompenser le poète : et la démarche de François de Neufchâteau répondait trop au désir du roi pour qu'elle eût l'apparence d'une sollicitation.

---

1. « Je ne sais pourquoi M. le duc de Richelieu croit que M. Hugo est de Toulouse. Je lui ai dit seulement que le jeune V.-M. Hugo avait remporté le prix de l'Académie de Toulouse pour une belle ode sur le rétablissement de la statue de Henri IV. » (*Note de F. de Neufchâteau.*)

Son ode sur *la Naissance du duc de Bordeaux* lui valut une lettre de la maréchale Oudinot, la dame d'honneur de la duchesse de Berry, que le maréchal Oudinot, duc de Reggio, avait épousée en secondes noces. Voici cette lettre, qui est inédite :

Paris, le 21 octobre 1820.

« Je me suis empressée, Monsieur, de mettre sous les yeux de Madame la Duchesse de Berry l'ode que vous avez composée à l'occasion de la naissance de Monseigneur le duc de Bordeaux, et Son Altesse Royale a été infiniment sensible à ce témoignage d'amour et de dévouement. L'événement qui couvrit la France de deuil et celui qui le comble de joie vous ont inspiré d'une manière également touchante : à ces deux époques, vous avez fait éclater les plus nobles sentiments, et vous les avez exprimés en vers qui ont mérité tout l'intérêt de la Princesse. Elle me charge de vous assurer de sa satisfaction et de vous dire qu'Elle sait distinguer vos productions de toutes celles que font naître ces heureuses circonstances.

« Il m'est agréable, Monsieur, d'avoir à vous apprendre que votre hommage a été accueilli avec une bonté toute particulière; veuillez être persuadé que je m'acquitte avec le plus grand plaisir de cette mission, et recevez, je vous prie, l'assurance de mes sentiments de considération.

« La maréchale Oudinot, duchesse de Reggio.

A M. Hugo.

XXVII

VISITE A CHATEAUBRIAND

Victor Hugo avait déjà des amis et des admirateurs illustres : on le recherchait. Et Chateaubriand, qui l'avait distingué avant de le connaître, manifesta le désir de le voir. Cette intention, qui flattait le jeune homme, l'intimidait. Faire une première visite, et à Chateaubriand! quelle impression laisserait-il et emporterait-il? Et puis, Chateaubriand avait la réputation d'un homme qui ne se livre guère. Double motif de crainte. En effet, quand Victor se présenta, il fut accueilli avec cette froideur qui était une habitude et une règle Cependant au bout de quelques instants, Chateaubriand se départit un peu de sa retenue coutumière. Et il félicita Victor Hugo de son ode : « J'ai lu, dit-il, vos vers sur la Vendée et sur la mort du duc de Berry; il y a surtout dans les derniers des choses qu'aucun poète de ce temps n'aurait pu écrire. Mes vieilles années et mon expérience me donnent malheureusement le droit d'être franc, et je vous dis sincèrement qu'il y a des passages que j'aime moins. Mais ce qui est beau dans vos odes est très beau [1]. »

Malgré cet éloge, l'allure empesée, hautaine de Chateaubriand lui donnait l'envie de s'en aller; mais la fascination que son grand homme exerçait sur lui le conduisit cependant une seconde fois dans cette maison où il entrait avec la plus grande appréhension. Il fut reçu ce jour-là avec plus d'abandon et de familiarité. C'est à la suite de cette seconde entrevue qu'il fit l'ode intitulée *le Génie* :

> Chateaubriand, je t'en atteste,
> Toi qui, déplacé parmi nous,
> Reçus du ciel le don funeste
> Qui blesse notre orgueil jaloux,
>
> Quand ton nom doit survivre aux âges,
> Que t'importe avec ses outrages
> A toi, génie, un peuple nain !

Il était devenu presque un des habitués de la maison. Chateaubriand nommé ambassadeur à Londres avait voulu que Victor l'accompagnât. Il lui offrait une situation qui devait tenter un jeune homme. Il rencontra une vive résistance. Victor était bien un peu embarrassé de répondre par un refus à une si flatteuse insistance, mais il s'en tira encore assez aisément. En revanche, il eut une lutte à soutenir contre son père qui s'expliquait mal qu'on ne saisît pas une occasion si heureuse. La vérité, c'est qu'il ne voulait à aucun prix s'éloigner de celle qu'il aimait. Il l'a avoué plus tard dans une lettre à Adèle : « Il (son père) voulait aussi, lui, à toute force, me voir attaché à l'ambassade de Londres. Cette idée,

---

1. *Victor Hugo raconté.*

qui me désolait, flattait son amour-propre et son ambition. Eh bien! je lui ai écrit hier une lettre avec laquelle je suis sûr de le dissuader. Je ne t'ai pas dit, Adèle, tout ce que j'ai essuyé de combats de toutes parts, même du côté de ton père, à l'occasion de cette maudite ambassade. Bien des gens n'ont pas compris mon refus, parce que je ne pouvais pas leur en dire le véritable motif. Chère amie, il aurait fallu te quitter, et j'aurais aimé autant mourir. Aller si loin de toi, mener une vie brillante et dissipée, eût été impossible pour moi. »

Voilà comment il avait le souci des grandeurs à l'âge où elles auraient pu surtout le séduire. Il pouvait craindre que Chateaubriand ne lui gardât quelque rancune, il reçut au contraire de lui un accueil amical. Bien plus, il eut ce même jour une agréable surprise : il vit le sourire de Mme de Chateaubriand. C'était une nouveauté : elle qui avait toujours été aigre, insupportable, revêche, qui le recevait mal ou plutôt qui ne le recevait pas du tout, qui ne répondait pas à ses saluts, qui lui rendait ses visites à Chateaubriand si pénibles et les transformait pour lui en véritables cauchemars, une seule fois dans sa vie, elle le reçut bien. « Un jour, raconte-t-il dans *Choses vues*, j'entrais, pauvre petit diable, comme à l'ordinaire fort malheureux avec ma mine de lycéen épouvanté, et je roulais mon chapeau dans mes mains. M. de Chateaubriand demeurait alors rue Saint-Dominique, n° 27. J'avais peur de tout chez lui, même de son domestique qui m'ouvrait la porte. J'entrai donc. Mme de Chateaubriand était dans le salon qui précédait le cabinet de son mari. C'était le matin et c'était l'été. Il y avait un rayon de soleil sur le parquet, et, ce qui m'éblouit et m'émerveilla bien plus encore que le rayon de soleil, un sourire sur le visage de Mme de Chateaubriand. « C'est vous, Monsieur Victor Hugo! » me dit-elle. Je me crus en plein rêve des *Mille et une Nuits* : Mme de Chateaubriand souriant! Mme de Chateaubriand sachant mon nom, prononçant mon nom! C'était la première fois qu'elle daignait s'apercevoir que j'existais. Je saluai jusqu'à terre. Elle reprit : « Je suis charmée de vous voir ». Je n'en croyais pas mes oreilles. Elle continua : « Je vous attendais, il y avait longtemps que vous n'étiez venu. » Pour le coup, je pensai sérieusement qu'il devait y avoir quelque chose de dérangé soit en moi, soit en elle. Cependant elle me montrait du doigt une pile quelconque assez haute qu'elle avait sur une petite table, puis elle ajouta : « Je vous ai réservé ceci, j'ai pensé que cela vous ferait plaisir. Vous savez-ce que c'est? »

C'était un chocolat religieux qu'elle protégeait et dont la vente était destinée à de bonnes œuvres. Je pris et je payai. C'était l'époque où je vivais quinze mois avec 800 francs.

Le chocolat catholique et le sourire de Mme de Chateaubriand me coûtèrent quinze francs, c'est-à-dire vingt jours de nourriture. Quinze francs, c'était pour moi, alors, comme quinze cents francs aujourd'hui. C'est le sourire de femme le plus cher qui m'ait été vendu. »

L'influence que Chateaubriand exerça sur lui eut pour résultat de lui donner le goût du moyen âge, des tournois, des chants de troubadours, des architectures gothiques et des donjons.

Tout autre que lui aurait été grisé par des succès si préma-

Visite à Madame de Chateaubriand.

turés et si rapides, par les éloges de tous les hommes illustres qui le recherchaient. Sainte-Beuve n'écrit-il pas dans ses *Portraits contemporains* : « Les années 1819 et 1820 furent sans doute les plus remplies, les plus ardentes, les plus décisives de sa vie. Amour, politique, indépendance, chevalerie et religion, pauvreté et gloire, étude opiniâtre, lutte contre le sort en vertu d'une volonté de fer, tout en lui apparut et grandit à la fois à ce degré de hauteur qui constitue le génie. Tout s'embrasa, se tordit, se fondit intimement dans son être au feu volcanien des passions, sous le soleil de canicule de la plus âpre jeunesse, et il en sortit cette nature d'un alliage mystérieux où la lave bouillonne sous le granit, cette armure brûlante et solide, à la poignée éblouissante de perles, à la lame brune et sombre, vraie armure des géants trempée aux lacs volcaniques. »

Il l'avait bien en effet cette volonté de fer qui le poussait à poursuivre, avec une ténacité indomptable, sa vocation littéraire, en dépit des résistances de son père et qui le ramenait toujours et quand même vers celle qu'il aimait, en dépit de l'opposition de sa mère.

Toutes les occasions lui étaient bonnes pour démontrer qu'il saurait plier son intelligence à toutes les exigences de la prose et de la poésie, qu'il composerait aussi bien un roman qu'une ode; mais la preuve la plus manifeste de cette volonté de fer, c'est que ses travaux littéraires étaient dans sa pensée destinés moins à l'illustrer qu'à le rapprocher de celle dont on l'éloignait et à atteindre le but dont on croyait l'avoir détourné.

XXVIII

PREMIER ROMAN

C'est ainsi qu'il conçut l'idée d'un roman, *Han d'Islande*, en mai 1821. Il s'en expliqua dans une lettre qu'il écrivit à Adèle dix mois plus tard. « Au mois de mai dernier, le besoin d'épancher certaines idées qui me pesaient, et que notre vers français ne reçoit pas, me fit entreprendre une espèce de roman en prose. J'avais une âme pleine d'amour, de douleur et de jeunesse; je ne t'avais plus, je n'osais en confier les secrets à aucune créature vivante : je choisis un confident muet, le papier. Je savais de plus que cet ouvrage pourrait me rapporter quelque chose; mais cette considération n'était que secondaire quand j'entrepris mon livre.

Je cherchais à déposer quelque part les agitations tumultueuses de mon cœur neuf et brûlant, l'amertume de mes regrets, l'incertitude de mes espérances. Je voulais peindre une jeune fille qui réalisât l'idéal de toutes les imaginations fraîches et poétiques, une jeune fille telle que mon enfance l'avait rêvée, telle que mon adolescence l'avait rencontrée, pure, fraîche, angélique; c'est toi, mon Adèle bien-aimée, que je voulais peindre, afin de me consoler tristement en traçant l'image de celle que j'avais perdue et qui n'apparaissait plus à ma vie que dans un avenir bien lointain. Je voulais placer près de cette jeune fille un jeune homme, non tel que je suis, mais tel que je voudrais être. Ces deux créatures dominaient le développement d'un événement, moitié d'histoire, moitié d'invention, que faisait ressortir une grande conclusion morale, base de la composition. »

Et dans ce roman de *Han d'Islande*, Adèle s'appelait Éthel, et Victor, Ordener. Mais Victor, qui avait essayé de remplacer les visites interdites par des travaux tout remplis de son amour, n'avait pu rester plus longtemps sans correspondre directement avec celle qu'il considérait comme sa femme; et un jour où Adèle allait seule à sa leçon de dessin chez Mlle Duvidal qui demeurait dans le quartier, il l'aborda. Elle l'écouta, et la correspondance reprit, correspondance encore plus tendre, encore plus passionnée. Il ne signe plus : Ton fidèle Victor, ou V. ou V.-M. Hugo, comme dans les lettres précédentes; il signe : Ton fidèle mari.

XXIX

LA MORT DE MADAME HUGO

C'EST vers cette époque, au commencement de 1821, que Mme Hugo, toujours souffrante, déménagea et alla habiter rue de Mézières, n° 10. Elle ne voulut pas laisser à ses fils seuls le soin d'installer la maison. Elle veilla elle-même à l'aménagement. Elle avait un jardin, elle le mit en état, traça les allées, dessina les plates-bandes, donnant l'exemple d'une activité fiévreuse. Elle s'était fatiguée; elle gagna un froid et s'alita. Elle avait une fluxion de poitrine. Comme elle était énergique, elle brusqua la convalescence, elle eut une rechute se remit au lit et, le 27 juin, elle mourut. Ce fut un désespoir pour Victor. Il adorait sa mère. Il la conduisit à l'église Saint-Sulpice, puis au cimetière Montparnasse. Quelques amis emmenèrent avec eux les trois fils pour essayer de calmer leur douleur. Victor voulut rester seul et rentra à la maison. A peine était-il rentré qu'il se sentit trop seul et retourna auprès de celle qui venait de le quitter. Il revint au cimetière pour ne pas se séparer de la morte ; mais à l'heure de la fermeture, il fallut bien partir. Il erra sur le boulevard, accablé, désemparé. Il n'avait plus qu'un seul être au monde auquel il pût désormais se rattacher : Adèle. Il se dirigea vers la maison de la rue du Cherche-Midi. Il vit les fenêtres étincelantes de lumière. Il a raconté cette visite plus tard dans une de ses lettres à Adèle.

« C'était le vendredi 29 juin, il y avait deux jours que je n'avais plus de mère, je revenais à dix heures du soir du cimetière de Vaugirard. Je marchais comme oppressé d'une léthargie, quand le hasard de mon chemin me conduisit devant ta porte. Elle était ouverte. Des lumières brillaient dans la cour et aux fenêtres.

« Je m'arrêtai devant ce seuil que depuis si longtemps je n'avais franchi, je m'arrêtai machinalement. »

Il était ainsi immobile et sans idée lorsqu'il se décida enfin à savoir s'il était abandonné de sa femme comme de sa mère et s'il n'avait plus qu'à mourir.

« Je m'élançai dans la cour ; je montai rapidement le grand escalier... et je m'enfonçai dans le corridor noir où nous avions tant de fois joué autrefois. »

Il arriva au second étage à un carreau qui donnait sur le bal.

« J'appuyai ma tête brûlante sur la vitre glacée et mes yeux te cherchèrent, je te vis. »

Adèle était en parure de bal. Il assistait à cette fête comme une ombre assiste à un rêve. Si elle avait valsé, pensait-il, c'est qu'elle l'avait oublié ; elle ne valsa pas, il espérait donc encore. Mais son Adèle était dans une fête et dans la joie. C'était trop pour lui.

« Il vint un moment où mon cœur fut gonflé et où je serais mort si j'étais resté un instant de plus. En ce moment je me réveillai de ma folie et je descendis lentement de cet escalier où j'étais monté sans savoir si j'en descendrais. Puis je rentrai dans ma maison en deuil et pendant que tu dansais, je me mis à prier pour toi près du lit de ma pauvre mère morte. »

Le 29 juin était la fête de M. Foucher. Un bal, une représentation avaient été organisés. M. Foucher avait appris la mort de Mme Hugo presque en même temps que sa maladie. Il était impossible de remettre la soirée; plus impossible encore de dire à Adèle la triste nouvelle qui l'aurait vivement bouleversée. Le père ne pensait alors qu'à sa fille; mais le lendemain, lorsque Adèle se promenant dans le jardin du Conseil de guerre vit entrer Victor pâle et défait, elle se précipita vers lui. « Qu'y a-t-il? Un malheur?

— Ma mère est morte. Je l'ai enterrée hier. »

Adèle fut violemment émue. Victor comprit qu'elle ne savait rien. Ils pleurèrent ensemble.

XXX

DURS MOMENTS

Victor avait perdu dans sa mère sa meilleure protection dans sa carrière littéraire. De sa résidence de Blois, le général Hugo informa son fils qu'il lui continuerait sa pension, mais il exigeait l'abandon des lettres, dans l'intérêt même de l'avenir, et s'obstinait à le pousser dans une autre voie plus avantageuse. Mais Victor était tenace, ses succès étaient le meilleur stimulant de ses résolutions premières. Sans doute il n'avait pas de grandes ressources puisqu'il n'avait en tout que 800 francs gagnés avec ses publications. Il répondit très fermement à son père que, si une condition pareille était mise au maintien de sa pension, il essaierait de se suffire à lui-même. C'était du courage puisqu'il avait devant lui seulement de quoi vivre pour quelques semaines. Sans la pension c'était la misère; même avec la pension, ce n'en était pas moins la pauvreté. Mais il préférait lutter, mener au besoin une existence pénible, renoncer aux espérances d'un gain plus lucratif et plus rapide dans quelque profession plutôt que d'abandonner les lettres. Il travaillerait sans se laisser rebuter par les difficultés ou vaincre par les déceptions. Et si le général Hugo a pu ne pas persister dans sa rigueur, Victor n'en traversa pas moins, pendant cette période, les moments les plus durs. Lui, l'hôte du palais d'Avellino, du palais Masserano, élevé dans le luxe et les honneurs, l'écolier gai et insouciant du jardin des Feuillantines, il se trouvait aux prises avec tous les soucis de la vie matérielle, obligé d'équilibrer son modeste budget par d'ingénieuses combinaisons économiques, de prévoyantes répartitions alimentaires, la savante division d'une côtelette et d'un morceau de brie, acceptant toutes les humiliations, étant à la fois son propre domestique et son cuisinier, soignant ses vêtements dont il exigeait plus qu'ils ne pouvaient lui donner. Le Marius des *Misérables,* c'est lui; la vie de Marius, c'est sa vie : « Chose horrible qui contient les jours sans pain, les nuits sans sommeil, les soirs sans chandelle, l'âtre sans feu, les semaines sans travail, l'avenir sans espérance, l'habit percé aux coudes, le vieux chapeau qui fait rire les jeunes filles, la porte qu'on trouve fermée le soir parce qu'on ne paye plus son loyer, l'insolence du portier et du gargotier, les ricanements des voisins, les humiliations, la dignité refoulée, les besognes quelconques acceptées, les dégoûts, l'amertume, l'accablement. Marius apprit comment on dévore tout cela, et comment ce sont souvent les seules choses qu'on ait à dévorer. A ce moment de l'existence où l'homme a besoin d'orgueil parce qu'il a besoin d'amour, il se sentit moqué parce qu'il était mal vêtu et ridicule parce qu'il était pauvre. »

Ah! les heures pénibles où il fallait balayer son palier, acheter furtivement un pain ou se glisser dans une boucherie du coin, où un taudis était à la fois la chambre à coucher et le cabinet de travail, où on déjeunait d'un œuf et d'un pain pour le prix de deux à quatre sous, où on dînait dans une gargote d'un plat de viande de six sous, d'un demi-plat de légumes de trois sous, d'un dessert de trois sous et de trois sous de pain avec de l'eau à discrétion. Avec une nourriture à vingt sous par jour, soit 365 francs par an, 30 francs de loyer, quelques menus frais, avec deux habillements, l'un vieux pour tous les jours, l'autre neuf pour les occasions, et trois chemises, on pouvait ne pas mourir de faim et de froid; et pour le reste : « L'âme aide le corps, et à de certains moments, le soulève. C'est le seul oiseau qui soutienne sa cage. » Cette épreuve, Victor l'avait vaillamment supportée, elle l'avait préparé à d'autres, quand plus tard, aux heures de proscription, s'étant réfugié à Bruxelles en 1852, il établissait son budget de Marius et réglait jour par jour sa dépense alimentaire avec son fils Charles pour le prix de 90 francs par mois et par personne : loyer 1 franc; déjeuner, une tasse de chocolat, 0 fr. 50; dîner, 1 fr. 25; feu, 0 fr. 25.

XXXI

VOYAGE A DREUX

Dans la petite chambre de la rue de Mézières où il était resté après la mort de sa mère il vivait seul, travaillant, faisant son lit et sa cuisine. Quand il était trop triste et incapable de travailler, il cherchait une distraction dans une promenade aux environs de Paris.

Un jour il alla à Versailles. Il était installé dans un café et lisait une gazette lorsqu'un garde du corps la lui enleva brutalement. Victor bondit sous l'insulte, provoqua le malotru en duel et fut blessé au bras gauche au-dessous de l'épaule

Tous ces efforts pour rendre sa solitude moins amère ne suffisaient pas pour remplir sa vie, et le travail ne le détournait pas de la pensée qui l'absorbait. Il n'avait pas réussi à renouer avec les Foucher.

Malgré la visite de condoléances à la suite de la mort de Mme Hugo, M. Foucher n'avait eu d'autre idée que d'éloigner Adèle. C'était l'été. D'ordinaire il habitait la banlieue, mais la banlieue était trop voisine. Il s'installa avec sa femme et sa fille à Dreux le 15 juillet 1821. Là, du moins, on serait à l'abri. Le voyage était coûteux pour un jeune homme qui avait à peine de quoi s'acheter une côtelette. Victor ne songerait pas une minute à entreprendre un pareil déplacement. Songez donc! vingt lieues! Mais est-ce qu'un amoureux recule devant les distances? Victor était courageux : le 16 juillet, il se mit en route, prétextant une visite à un ami qui partait pour un grand voyage. En trois étapes, il arrivait à Dreux le 19. Il était tout fier de son exploit. Il s'en ouvrit à son ami Alfred de Vigny dans la lettre suivante :

« Je suis à Dreux.... J'ai fait tout le voyage à pied par un soleil ardent, et des chemins sans ombre d'ombre. Je suis harassé, mais tout glorieux d'avoir fait vingt lieues sur mes jambes. Je regarde toutes les voitures en pitié; si vous étiez avec moi en ce moment, jamais vous n'auriez vu plus insolent bipède. Quand je pense qu'il faut à Soumet un cabriolet pour aller du Luxembourg à la Chaussée d'Antin, je serais tenté de me croire d'une nature supérieure à la sienne, comme animal. Cette expérience m'a prouvé qu'on peut marcher avec ses pieds. »

Mais ce qu'il ne dit pas à de Vigny, qui devait être plus tard le témoin de son mariage, c'est qu'il aurait marché bien plus longtemps si sa fiancée avait habité plus loin.

Il parcourut la ville. « Ses allées et venues, raconte la *Gazette anecdotique*, son air affairé, sa barbe longue, sa cravate lâche, ses cheveux en désordre, et ses habits poudreux attirèrent bientôt sur lui l'attention du commissaire de police. Celui-ci, après avoir suivi et observé pendant quelque temps l'inoffensif jeune homme, l'aborda tout à coup en pleine rue et lui demanda ses papiers d'un ton très impératif.

« Des papiers, un passeport pour un poète, fi donc ! C'était la précaution à laquelle, avant de partir, il avait le moins songé ; et puis, on ne songe pas à tout quand on est amoureux, par l'excellente raison qu'on ne pense plus guère qu'à une seule chose.

« Tout d'abord notre jeune homme resta interdit, mais pour sortir d'embarras, il se hâta de dire qu'il était étudiant en droit, fils d'un général, venant de Paris uniquement, simplement pour se promener et voir le pays. Car en conscience il ne pouvait pas mettre cet homme-là dans la confidence de ses affaires de cœur.

« Ces explications parurent louches à l'officier de police.

« C'est bel et bien, mon petit ami, reprit-il rudement, mais « cela ne peut se passer ainsi. J'ai ordre d'arrêter toute per- « sonne étrangère à la localité, qui n'est pas en règle, et vous « allez me suivre. »

Déjà le commissaire et son prisonnier se dirigeaient vers la maison d'arrêt. Tout à coup, par bonheur, Victor Hugo se souvint d'une visite qu'il avait faite quelques heures auparavant à Mme Le Brun, propriétaire, rue de l'Évêché, proche parente de son ami, laquelle l'avait accueilli avec bienveillance et l'avait même invité à dîner pour le soir même.

« On se transporta aussitôt chez Mme Le Brun. Cette vénérable dame certifia qu'elle connaissait Victor Hugo, que son neveu le lui avait particulièrement recommandé comme son ami intime, et bref, qu'elle en répondait.

« Devant cette déclaration, l'officier de police se retira. »

Le lendemain Victor se promena dans la ville, espérant bien qu'il rencontrerait celle qu'il cherchait ; et, en effet, il aperçut tout à coup M. Foucher et sa famille. Son premier mouvement fut de les aborder. Puis il n'osa pas. Comment serait-il accueilli ? Quel effet produirait cette brusque apparition ? Ne valait-il pas mieux préparer l'entrevue ? C'était plus sage, plus prudent et plus habile. Il écrivit : « Monsieur, j'ai eu le plaisir de vous voir aujourd'hui ici même à Dreux et je me suis demandé si je rêvais.... »

Là-dessus, pour expliquer « le plus bizarre de tous les hasards », il raconte qu'il est venu, invité par un de ses amis habitant entre Dreux et Nonancourt : cet ami, par une fatalité inouïe, était parti l'avant-veille pour Gap ! lui, Victor, il voudrait bien repartir sur-le-champ pour Paris ; mais il est si connu à Dreux ! il a reçu des invitations, pris des engagements.... « Ce qu'il y a de singulier, c'est que je n'ai quitté Paris qu'avec beaucoup de répugnance. Le désir que vous m'aviez montré de me voir absent pendant quelque temps a beaucoup contribué à me décider, votre conseil a singulièrement tourné[1]. »

Est-ce assez charmant, peut-on mettre plus de grâce dans l'invention et plus de gentillesse dans le mensonge ? La raillerie n'est-elle pas exquise ?

La lettre se termine ainsi : « Je ne serais pas franc si je ne vous disais que la vue inespérée de Mademoiselle votre fille

____

1. *Notes sur les lettres à la fiancée.*

m'a fait un vif plaisir. Je ne crains pas de le dire hautement, je l'aime de toute la force de mon âme, et, dans mon abandon complet, dans ma profonde douleur, il n'y a que son idée qui puisse encore m'offrir de la joie. »

Comment M. Foucher n'aurait-il pas été touché par ce mélange d'innocent mensonge et de sincérité ingénue? Victor fut donc reçu. Il revit son Adèle. Mais il n'avait pas fait le voyage à Dreux pour ne pas porter cette fois un grand coup. Il n'hésita donc pas à demander sa main. Il justifia sa hardiesse en faisant valoir ses espérances, en insistant sur le produit qu'il pouvait tirer de ses œuvres, en s'autorisant de la promesse formelle d'une pension du roi.

Il aurait fallu un cœur de pierre pour ne pas se sentir ému par tant de vaillance, de fidélité si obstinée, par une si constante ténacité. M. et Mme Foucher n'eurent pas le courage de résister; ils consentirent à fiancer leur fille, mais à ne la marier que lorsque la situation de Victor serait mieux assurée.

D'ores et déjà l'autorisation avait été donnée de se revoir, de se rencontrer et de continuer à s'aimer. C'était une première victoire, l'avenir ferait le reste.

Vers le milieu du mois d'août, Victor alla voir à la Roche-Guyon un jeune prêtre, le duc de Rohan, le même qui avait conduit chez lui Lamartine. Il venait le remercier du témoignage d'affection qu'il lui avait donné en accompagnant sa mère jusqu'à sa dernière demeure. Le duc n'avait pu se consoler de la mort de sa femme, brûlée vive, et il était entré dans les ordres. Quand il n'était pas dans sa cellule, il habitait son magnifique domaine. Victor se lassa vite de cette existence soumise aux règles de l'étiquette. Car le duc était entouré d'une petite cour rompue aux traditions du plus impérieux cérémonial. Au bout de deux jours, Victor partait.

Ce même duc de Rohan s'était mis en tête de donner à Victor un confesseur. Victor n'y répugnait pas. Il voyait là un moyen d'avoir moins un directeur de conscience qu'un ami auquel il pourrait se confier dans les épreuves plus ou moins douloureuses qu'il traversait et auprès duquel il trouverait un soutien et des encouragements.

Le duc le mit en relations avec l'abbé Frayssinous. Ce n'était peut-être pas un choix heureux. Victor cherchait une protection affectueuse, avec un peu d'austérité, il ne rencontra là que des préoccupations trop mondaines, et reçut une mauvaise impression de cette première entrevue.

Le duc ne se découragea pas. Il offrit à Victor d'aller chez La Mennais. Victor accepta. C'était bien l'homme qu'il lui fallait, celui qui pouvait lui rendre le courage et apaiser sa souffrance, celui qui pouvait lui dire les paroles simples et tendres de l'amitié.

Victor avait pressenti, deviné que La Mennais serait pour lui l'ami et le consolateur qu'il cherchait. Et quelle ne fut pas sa surprise quand il entra dans l'impasse des Feuillantines et quand il trouva l'abbé de La Mennais dans la maison qu'avait habitée Mme Hugo!

Les relations s'établirent rapidement et prirent le caractère que Victor leur avait assigné. Sa conscience ne lui faisait aucun reproche, et il n'avait aucun acte de contrition à prononcer. La Mennais comprit bien vite que le duc de Rohan lui avait amené moins un pénitent qu'un ami, désireux de se dépenser en confidences, et les confessions ne furent guère que des causeries.

Victor habitait alors rue du Dragon, n° 30, avec un jeune cousin, Trébuchet, menant toujours une existence austère et maussade. Leur mansarde était divisée en deux cases. Dans l'une on avait logé péniblement les deux lits, des couchettes en bois; l'autre avait été transformée en salon. Un salon sous les toits! Victor avait trois chemises : l'une qu'il portait, l'autre qu'il avait dans sa commode et la troisième qui était au blanchissage. Mais il avait fait des économies pour s'acheter un habit bleu barbeau à boutons d'or. Ce n'était pas par coquetterie et par élégance, quoique l'habit bleu barbeau fût la tenue des élégants de l'époque. Mais il mettait quelque amour-propre à cacher sa pauvreté, que sa notoriété aurait rendue inexplicable aux favoris de la fortune, et il pouvait ainsi faire figure quand il allait dîner en ville.

Il revoyait sa fiancée, mais devant témoin, au Luxembourg, au spectacle ou chez elle. Il n'avait pas la pleine liberté de ses tendresses. Et ce qu'il ne pouvait lui dire en public ou ce qu'il avait oublié de lui dire dans les rares minutes où il avait le loisir d'échanger avec elle deux paroles dans l'intimité, et la chance de profiter de la distraction des surveillants, il le lui écrivait.

C'était d'ailleurs pour lui une diversion dans sa vie de garçon qui lui était insupportable. Il avait l'horreur du monde et des plaisirs; et dans sa chambre qui lui semblait peu attrayante, il trouvait presque de la joie quand il pouvait écrire à son Adèle. Et il la prolongeait, cette joie, en allongeant les confidences de ses lettres et surtout en multipliant les occasions de correspondance. S'il ne parle que d'elle et de lui, de ses chagrins, de ses craintes, de ses espérances, il malmène aussi la carrière littéraire :

... « Indépendamment de mes chagrins et de mes inquiétudes domestiques, il faut encore me résigner à tous les dégoûts des haines littéraires. Je ne sais quel démon m'a jeté dans une carrière où chaque pas est entravé par quelque inimitié sourde ou quelque basse rivalité. »

Mais ce n'était qu'un accès de maussaderie, une contrariété qui venait s'ajouter à tant d'autres et dont il exagère la gravité. En effet, dans la même lettre, il glorifie cette même carrière, il voudrait inspirer à sa fiancée de « l'estime » et de l'admiration pour « cette grande et noble profession des lettres ».

A cette heure, il est dans ses jours de mélancolie, puisque le 15 décembre, qui devrait être une date joyeuse, la date de la Fête d'Adèle, il lui écrit : « Je joins quelques vers que j'ai faits pour ta fête en des heures de tristesse et d'abattement. Je ne devrais peut-être pas te les donner, mais ils te prouveront combien je pense à toi. » Et c'est l'ode *A toi*

> O Vierge! à mon enfance un Dieu t'a révélée,
> Belle et pure; et, rêvant mon sort mystérieux,
> Comme une blanche étoile aux nuages mêlée
> Dès mes plus jeunes ans je te vis dans mes cieux!

Je te disais alors : — O toi, mon espérance,
Viens, partage un bonheur qui ne doit pas finir.
Car de ma vie encor, dans ces jours d'ignorance
Le passé n'avait point obscurci l'avenir.

. . . .

Mais si ma jeune vie à tant de flots livrée,
Si mon destin douteux t'inspire un juste effroi,
Alors fuis, toi qui fus mon épouse adorée!
Toi qui fus ma mère, attends-moi [1].

1. *Odes et Ballades.*

XXXII

«LETTRES A LA FIANCÉE»

Hélas! le destin douteux est bien là ce qui préoccupe la famille Foucher. Elle sent que cette situation incertaine ne saurait se prolonger sans préjudice pour l'avenir d'Adèle. Les espérances de Victor tardent bien à se réaliser.

Il va falloir prendre un parti : renoncer ou tenir les promesses faites : et ce sont alors des mises en demeure plus ou moins discrètes. Victor redoute qu'Adèle ne lui échappe définitivement, et dans sa lettre du 13 janvier 1822 une sorte de résignation assombrie masque mal son découragement et son amertume. « Ma vie aura été couronnée par un beau rêve dont je ne sortirai que pour entrer dans un sommeil où l'on ne rêve plus. Non, je ne serai point à plaindre. Quand tout finira pour moi, tout recommencera pour toi.

« J'aurai traversé ta vie sans y laisser de vestige. Mon âme se résigne volontiers à un veuvage éternel si elle peut acheter à ce prix pour la tienne quelque félicité sur la terre. Sois heureuse. »

Son malheur désarme les impatiences, ravive encore les sentiments tendres de la fiancée; et la confiance de Victor renaît, et la correspondance continue avec de nouveaux élans de passion. C'est toujours le même hymne d'amour sur des modulations variées qui s'exhale dans les *Lettres à la fiancée*, « lettres à la fois chastes et ardentes, ingénues et graves, pleines d'enfantillages et pleines de pensées — toutes palpitantes de désirs, toutes saignantes de jalousie, avec leurs exaltations, leurs découragements, leurs plaintes, leurs joies, leurs gronderies, leurs caresses, leurs grosses querelles suivies de délicieux raccommodements ». C'est ainsi que les caractérise l'éditeur dans ces notes à la fois si simples et si claires qui sont le commentaire lumineux et attachant de cette correspondance.

On les lira ces lettres, si on ne les a déjà lues. On cherchera à découvrir dans certaines allusions, dans certaines justifications, dans certaines protestations, quelques craintes, quelques reproches que la jeune fille devait lui adresser.

Victor a déjà une renommée par ses odes; les académies l'ont couronnée, la fiancée éprouve évidemment de la fierté, Victor soupçonne sans doute, par ses éloges, qu'elle doit lui prêter quelque orgueil, il s'en défend; en réalité, ce qu'il cherche, c'est à compenser sa pauvreté par un peu de gloire; c'est peut-être aussi à rassurer les défiances, et à montrer que la carrière des lettres laisse entrevoir des horizons moins sombres et des résultats moins chimériques.

Adèle redoute qu'une aussi longue attente n'amène chez lui de la lassitude, du découragement, mais elle n'a rien à craindre de sa constance, de sa fidélité : et elle doit en être convaincue puisqu'il est jaloux, jaloux même d'une façon enfantine, puérile, dira-t-on, mais cette jalousie-là est la jalousie de l'innocent.

Et c'est avec une entière conviction qu'il lui écrit le 4 mars 1822 : «   . Je voudrais, mon Adèle, que tu craignisses moins de crotter ta robe quand tu marches dans la rue. Ce n'est que d'hier que j'ai remarqué, et avec peine, les précautions que tu prends.... Je n'ignore pas que tu ne fais en cela que suivre les opiniâtres recommandations de ta mère..... »

Il a souffert dans la rue des Saints-Pères en voyant que celle qu'il respecte était l'objet de coups d'œil indiscrets, et il l'avertit qu'il ne répond plus désormais de lui et qu'il serait prêt à donner un soufflet au passant dont le regard se tournerait vers elle.

XXXIII

LE MARIAGE

Dans toutes ses lettres il se montre nerveux, agité, inquiet,
c'est que, pendant longtemps, Victor avait hésité à
demander à son père son consentement à son mariage, par-
tagé entre la crainte d'un refus et son désir de hâter la solution
convoitée.... Il ne s'était décidé à faire cette démarche que
sur les pressantes instances des Foucher, et il attendait avec
une fiévreuse impatience la réponse du général. Devait-il
tant la redouter? Il était en correspondance suivie avec son
père qui habitait Blois, et qui, tout en ayant encore des
défiances pour la carrière littéraire, se passionnait vivement
pour les travaux de son fils et lui donnait même des conseils.

Nous avons retrouvé plusieurs lettres inédites du général
Hugo à son fils, qui datent des premiers mois de 1822, et qui
sont assez curieuses : « Je réponds par la note ci-jointe à ce
que tu me dis sur ton ode dont tu me permettras de te faire
remarquer les irrégularités, mais dont les beautés sont

sublimes. Il faut éviter que des pensées aussi brillantes laissent à dire à la critique méchante ».

Le général, malgré son hostilité pour la carrière littéraire, faisait des romans, des comédies et des vers et les envoyait à Victor.

« Je t'envoye quelques échantillons de mes délassements.... J'ai beaucoup d'opuscules de ce genre. Mes nouvelles en prose et mes comédies du même genre sont trop médiocres pour voir le jour, mais s'il y avait des idées qui puissent te servir, tu peux te les approprier hardiment. Quant à mes contes en vers, je rimaille, cela me désennuye, et mon but est rempli. Je n'attache quelque importance qu'à mes ouvrages militaires. »

Il est assez amusant de voir le général Hugo, assez mal disposé pour les lettres, offrir à son fils de « s'approprier » ses idées.

Il n'hésitait pas d'ailleurs à formuler aussi des critiques; dans une autre lettre, il écrit : « Tes deux odes étincèlent de beautés, mais, je t'en prie, ne donne pas à la critique l'occasion de dire que tu dédaignes les premières règles de la poésie; on ne peut trop respecter les vieilles entraves que les maîtres de la poésie ont posées. »

Enfin, dans une dernière lettre, le général dit : « On l'avait, m'as-tu écrit dans le temps, promis une sinécure littéraire. Si la place d'auditeur au Conseil d'État rapportait quelque chose, je t'y verrais, avec plaisir, colloqué, car elle te mènerait avec le temps aux premiers emplois de l'administration...

. . . .

« Je relis tes odes ; tâche d'avoir une teinte moins mélancolique ; ne reviens pas aussi souvent sur ton âge ; on le sait
maintenant et ce serait quêter les éloges ou les forcer. La
beauté de tes vers t'en assure assez. . . . .

. . . .

« Sois plus sévère sur les règles de la versification. Car j'ai lu
tes odes, je les admire. Mais la critique trouvera que tu négliges
trop cette partie essentielle de la bonne poésie. Que dirais-tu
de vers latins qui manqueraient de césure ? »

Ces réflexions du général Hugo, qu'on rencontre dans toutes
ses lettres à l'époque où Victor s'intéressait plus à son amour
pour Adèle qu'à ses odes, n'étaient guère destinées à calmer
son impatience de l'attente. Enfin, la bonne nouvelle arrive ;
il s'empresse d'écrire à Adèle ; et d'abord le jour, mercredi ;
l'heure, trois heures et demie ; la date, 13 mars 1822.

« Adèle ! mon Adèle ! je suis ivre de joie, ma première émotion doit être pour toi. J'avais passé huit jours à me préparer
à ce grand malheur. C'est le bonheur qui vient ! il n'y a qu'un
nuage. »

Victor avait en effet le consentement de son père. Le nuage,
c'est que trois semaines après la mort de Mme Hugo, le général
avait épousé la femme pour laquelle il avait quitté sa famille,
et il n'avait même pas prévenu ses enfants.

Pourtant, la joie du jeune homme est si grande que, s'il a
pu éprouver un mouvement d'indignation et peut-être de
révolte douloureuse, en songeant que sa mère avait été si rapidement remplacée, il envisage l'avenir si prochain où il sera
complètement heureux.

Le bonheur, il le veut, il l'attend, il l'escompte même; mais il voudrait un peu plus de discrétion et de mystère.

Il se révolte contre le bruit qu'on fait autour d'un mariage, et il écrit le 30 mars 1822 : « Au lieu d'envelopper d'ombre et de silence le bonheur de deux jeunes époux, il semble qu'on n'ait pas assez de lumière et de bruit pour le troubler, et le troubler, c'est le profaner. »

Il a toutes les délicatesses du cœur, toutes les pudeurs de l'âme, et il prend ombrage de tout ce qui peut ressembler à un attentat contre le secret de leurs confidences. C'est qu'il sent, et il sent très profondément, car nul mieux que lui n'a compris et senti l'amour. Sans cela, il ne l'aurait pas traduit avec cette force, avec cette conviction ardente, bravant toutes les résistances, défiant tous les obstacles, poursuivant, avec une opiniâtreté indomptable, son but; il a ressenti l'amour jusqu'à en souffrir et même à en vouloir mourir. Qu'on lui dénie ensuite sa sensibilité, qu'on ose prétendre qu'il n'a jamais aimé! Ses lettres sont là. Et quant à sa prétendue sécheresse, quelles preuves apporte-t-on? Il ne pleurait pas. Comme si les larmes étaient la conclusion obligatoire des émotions les plus vraies de l'âme, comme si les larmes qui ne coulent pas n'étaient pas une souffrance qui s'ajoute à l'autre souffrance. Oui, c'est vrai, il ne pleurait pas. Il l'a écrit lui-même : « Ceux qui pleurent aisément sont soulagés quand ils pleurent. Moi, je n'ai pas ce bonheur; celles de mes larmes qui peuvent sortir sont celles qui me soulagent, mais presque toutes me restent sur le cœur et m'étouffent.

« Une mère, qui a prévu le cas où l'on est seul dans la vie, m'a accoutumé dans l'enfance à tout dévorer, et à tout garder pour moi. »

Et ces lignes ne sont pas une réponse à ceux qui lui ont reproché plus tard de ne pas pleurer. Elles ont été écrites en 1822, quand on ne songeait pas encore à discuter sa sensibilité.

Son cœur, au contraire, avait besoin de s'épancher, et quand il redouta encore, malgré le consentement de son père, que le retard apporté à l'octroi de la pension royale ne remît en question son mariage, il se confia aussitôt à son ami La Mennais, le 17 mai 1822.

« J'éprouve un grand charme à voir votre âme, si forte et si profonde dans vos ouvrages, devenir si douce et si intime dans vos lettres ; et quand je pense. que c'est pour moi que vous êtes ainsi, en vérité, je suis tout fier. Je voudrais que quelqu'un pût vous dire là-bas quel vide je vois depuis votre absence parmi tous ceux que j'aime, et avec quel sentiment de reconnaissance et de joie impatiente je reçois de vos nouvelles. Il me semble, quand je lis une de vos lettres, que c'est la consolation qu'il fallait précisément à la souffrance que j'éprouve dans le moment même. Les paroles de l'amitié sont si puissantes qu'elles soulagent toutes les douleurs dans tous les instants. Simples et tendres, elles sont comme le remède unique et universel des maladies de l'âme.... L'intérêt que vous prenez à mes affaires à la maison du Roi m'a également vivement touché. J'ai en ce moment l'assurance que les promesses dont on me berce depuis si longtemps seront réalisées avant six semaines. J'attends avec impatience ce moment qui fixera mon avenir et me permettra de songer à vivre et à être heureux. »

Ces six semaines, hélas! qui doivent fixer son avenir, se transforment en quatre mois. Les lenteurs des bureaux, les formalités multiples reculeront toujours l'échéance si impatiemment attendue.

L'été arrive. La famille Foucher loue une petite maison à Gentilly. Victor a reçu l'autorisation de venir s'installer dans un pavillon : un ancien colombier, et de prendre ses repas avec sa fiancée. Le bonheur de se voir ne serait complet qu'avec un peu d'intimité, mais Mme Foucher ne consent pas à ce que les deux amoureux restent seuls.

XXXIV

SES RELATIONS AVEC LA MENNAIS

Victor est très absorbé aussi par la publication de son volume : *Odes et Poésies diverses* et qui devait être réimprimé plus tard sous le titre d'*Odes et Ballades*. Il a d'abord une petite désillusion, c'est le silence que gardent les journaux royalistes sur le volume qui vient de paraître. Peut-être y avait-il donné une place trop envahissante à Napoléon. Il s'en ouvre à La Mennais qui lui répond par la lettre suivante, encore inédite :

A la Chenaie, le 7 juillet.

« Votre amitié m'est bien douce, mon cher Victor, et vous attachez trop de prix à celle d'un homme qui n'est rien dans ce monde, qui n'a droit à rien; pauvre ombre qui bientôt aura passé, et qui ne laissera point de souvenirs, *spiritus vadens et non rediens*. J'aime votre droiture, votre franchise et vos sentiments élevés, plus encore que votre talent, que j'aime cependant beaucoup. Je ne doute point que l'avenir ne lui rendît justice, si le présent la lui refusait, et je pense comme vous qu'il n'y a rien au-dessous de la bassesse qui s'en va mendiant des éloges. Et puis, mon Dieu, qu'est-ce que ce vain bruit qu'on appelle gloire, renommée, et qui s'éteint si vite dans le silence de la tombe? Que nous feraient sur notre lit de mort les acclamations du monde entier? Mais une simple parole du ciel prononcée par un pauvre prêtre à l'oreille de celui qui va mourir, console, ranime son âme défaillante en lui dévoilant l'étonnant mystère de vie et d'éternité qu'elle porte en elle-même.

« Le peu de faveur que vous montrent les journaux royalistes ne me surprend point. Je ne pus jamais l'année dernière parvenir à y faire admettre une réclamation contre un faux matériel qu'un de mes adversaires s'était permis afin de me combattre avec plus d'avantage. Il me faisait dire précisément le contraire de ce que j'avais dit, et puis il triomphait, et m'injuriait, comme de raison.

« Je suis enchanté que vous ayez été voir M. de Saint-Victor. C'est un homme sûr, droit, ferme dans le bien, un excellent esprit et un excellent cœur. Plus vous le connaîtrez, plus vous l'estimerez et vous l'aimerez.

« Il n'y a point d'approbation de mon ouvrage par le Pape; ce n'est pas l'usage à Rome. Le Saint-Siège ne rend de jugement que sur les livres déférés comme suspects de contenir une mauvaise doctrine. Mais ce qu'il y a de vrai, c'est qu'il a paru à Rome une traduction de ma *Défense*, laquelle est revêtue de trois approbations conçues dans les termes les plus forts. C'est tout ce que je désirais, et tout ce qui était possible. Les examinateurs romains sont tous des hommes choisis et d'un mérite distingué, et dans un pays où rien ne se fait légèrement, leur suffrage est d'un très grand poids.

« J'estime qu'il ne me faudra pas moins de dix-huit mois pour finir mon ouvrage. Ainsi, mon cher Victor, vous aurez le temps de visiter ma solitude, si le voyage ne vous paraît pas trop long, ni le séjour trop pénible. Adieu, bon et cher ami, je vous embrasse avec une tendresse bien vraie et inaltérable.

« F. M. »

On voit, par cette lettre, quel était le caractère des relations de Victor Hugo et de La Mennais, ce n'étaient pas celles d'un pénitent et d'un confesseur, mais bien celles d'amis qui échangeaient leurs plus intimes confidences, leurs joies, leurs misères et leurs déceptions.

XXXV

LE PREMIER EXEMPLAIRE

LE jour même où le volume d'*Odes et poésies diverses* avait paru, Victor avait envoyé le premier exemplaire à sa fiancée. Il avait inscrit sur la page du titre : *Premier exemplaire. A mon Adèle bien-aimée, à l'ange qui est ma seule gloire comme mon seul bonheur. — Victor.*

Il la rassurait ainsi, si jamais elle avait pu avoir un doute sur sa rivale, la poésie : il était bien fier de publier son premier volume, mais fier surtout de le lui offrir comme le témoignage certain qu'il était digne d'elle et de son amour. Il n'était pas luxueux, ce petit volume, imprimé sur un papier mince et de mauvaise qualité, avec son cartonnage grossier marbré bleu, à dos de basane vert, mais il renfermait *A toi! le Premier Soupir*, tous les cantiques du premier amour que la dédicace résumait dans ce mot : Mon seul bonheur.

C'était bien en effet le bonheur, le bonheur en partie réalisé par le consentement du père, par le travail rémunéré (ce volume lui rapportait sept cents francs), par l'annonce de la pension, le bonheur bientôt complet, absolu, entretenu par l'espoir du mariage prochain, et il éprouve le besoin d'épancher sa joie en écrivant le 26 juillet à son père :

« Ainsi, je te devrai tout, vie, bonheur, tout ! Quelle gratitude n'es-tu pas en droit d'attendre de moi, toi, mon père, qui as comblé le vide immense laissé dans mon cœur par la perte de ma bien-aimée mère !

«... Cher papa, si tu savais quel ange tu vas nommer ta fille ! »

Enfin le 28 août, la pension est accordée. Elle était de 1 000 francs. Il avait compté sur 1 200 francs, mais, disait-il à Adèle : « Une réduction de 200 francs ne m'épouvante pas. Ce sera autant de plus à regagner par mon travail. »

Il écrivait aussitôt à son ami La Mennais le 1er septembre 1822 :

« Il faut que je vous écrive, mon illustre ami; je vais être heureux. Il manquerait quelque chose à mon bonheur si vous n'en étiez le premier informé. Je vais me marier. Je voudrais plus que jamais que vous fussiez à Paris pour connaître l'ange qui va réaliser tous mes rêves de vertu et de félicité. Je n'ai point osé vous parler jusqu'ici de ce qui remplit mon existence. Tout mon avenir était encore en question, et je devais respecter un secret qui n'était pas le mien seulement. Je craignais d'ailleurs de blesser votre austérité sublime par l'aveu d'une passion indomptable, quoique pure et innocente. Mais aujourd'hui que tout se réunit pour me faire un bonheur selon ma volonté, je ne doute pas que tout ce qu'il y a de tendre dans votre âme ne s'intéresse à un amour aussi ancien que

La maison de Gentilly habitée par Victor Hugo à l'époque de ses fiançailles.
(Aquarelle de L. Boulanger, 1823.)

moi, à un amour né dans les premiers jours de l'enfance et développé dans la première affliction de la jeunesse. »

Et La Mennais lui répondait : « La joie que vous ressentez est légitime, elle est dans l'ordre de Dieu, si vous la lui rapportez, et je me plais à en trouver dans votre lettre l'impression naïve et touchante ».

Il y avait encore bien des formalités à remplir pour que le mariage pût être célébré. Le général Hugo était à Blois, il fallait son consentement notarié. Et Victor pressait son père de lui envoyer tous les papiers nécessaires. La Mennais était tout désigné pour donner à Victor son billet de confession. N'avait-il pas été son plus cher confident? Les sept cents francs gagnés avec les *Odes* servirent à acheter un cachemire français. A cette époque il n'y avait pas de corbeille de mariée sans un cachemire français ou un cachemire des Indes; le cachemire des Indes était le plus recherché. Mais il n'y fallait pas songer. C'était un grand luxe.

Victor se contenta d'offrir un cachemire français.

Toute jeune fille n'aspirait qu'au jour où elle porterait son premier châle de cachemire, qui était pour elle, après sa robe de mariée, sa consécration de femme.

Le mariage eut lieu le 12 octobre 1822, trois ans et demi après le premier aveu.

Le général ne vint pas. Les témoins de Victor Hugo étaient Alfred de Vigny et Biscarrat, son ancien maître d'études de la pension Cordier. La cérémonie religieuse fut célébrée à Saint-Sulpice, dans cette même chapelle de la Vierge, dix-huit mois après le service funèbre de sa mère.

Victor n'avait pas attendu un mois pour témoigner de nouveau sa reconnaissance à son père. Il lui écrivait le 19 novembre 1822 :

« Mon cher papa,

« C'est le plus reconnaissant des fils et le plus heureux des hommes qui t'écrit.

« Depuis le 12 de ce mois, je jouis du bonheur le plus doux et le plus complet, et je n'y vois pas de terme dans l'avenir ; c'est à toi, bon et cher papa, que je dois rapporter l'expression de ces pures et légitimes joies, c'est toi qui m'as fait ma félicité, reçois donc pour la troisième fois l'assurance de toute ma tendre et profonde gratitude. Si je ne t'ai pas écrit dans les premiers jours de mon bienheureux mariage, c'est que j'avais le cœur trop plein pour trouver des paroles ; maintenant même tu m'excuseras, mon bon père, car je ne sais pas trop ce que j'écris. Je suis absorbé dans un sentiment profond d'amour, et pourvu que cette lettre en soit pleine, je ne doute pas que ton bon cœur ne soit content. Ton angélique Adèle se joint à moi ; si elle osait, elle t'écrirait, mais maintenant que nous ne formons plus qu'un, mon cœur est devenu le sien pour toi. »

Nous avons terminé le récit de l'enfance du poète, de sa première jeunesse. Victor Hugo s'est développé seul. Sans doute il a passé par l'école du père La Rivière, le collège des Nobles, le collège Louis-le-Grand et la pension Cordier. Mais ce qu'il a appris en réalité, il l'a appris seul. Il lui fallait les grands espaces et l'indépendance ; il a grandi à l'air, à la lumière, il s'est développé au contact des choses. Ses véritables éducateurs ont été sa mère, les événements, la nature, les hommes dont il aimait les œuvres. Il a lu beaucoup, il a médité profondément, il a saisi vite. Il a voulu voir le monde, tel qu'il était, non tel qu'on voulait le lui montrer.

Il a vu beaucoup de choses et retenu encore plus d'idées.

Par son père, héros des guerres impériales, il eut l'éblouissement de la grandeur de Napoléon ; par sa mère, à la fois Vendéenne et Bretonne, il fut initié au culte du trône et de l'autel.

Au milieu de tous ces événements, de toutes ces révolutions, de tous ces drames, sa jeune imagination reçut, à l'égal d'une plaque sensible, les images de ces spectacles à la fois grandioses et terribles. Comme son cœur vibrait aux émotions violentes et tragiques des grandes victoires et des soudaines déroutes, grisé par ce tumulte de gloire qui accompagnait les armées victorieuses à travers l'Europe et troublé par cette fragilité de la toute-puissance, par ces écroulements inattendus des trônes improvisés, sous la poussée de l'invasion ! Il subissait ainsi, par une sorte de contagion, le vertige de ceux qui l'entouraient. Et c'est dans le pays où se déroulaient ces scènes épiques, dans ces voyages ensoleillés à travers l'Italie et l'Espagne, que la nature lui enseignera le jeu des contrastes, lui donnera cette puissance d'évocation des images et ce don de merveilleux coloriste pour lequel les rayons et les ombres n'auront plus de secrets.

Le jardin des Feuillantines aura été son premier maître, lui aura appris le langage de la nature, le langage que, par reconnaissance, il lui aura communiqué lui-même, montrant ainsi qu'il le comprenait, en animant les plantes, les arbres, les fleurs, en donnant une voix aux brises, une vie aux pierres, et en pénétrant ainsi tous ses mystères.

Sans doute, il se nourrit de Tacite, de Virgile et d'Homère; mais la précocité de son génie ne le laisse pas longtemps dans ce tête-à-tête silencieux avec les anciens; il se lie avec Chateaubriand, Lamartine, Alfred de Vigny, qui ont le mieux compris la mission et le rôle du poète en lui conférant une action politique et sociale.

Il a chanté l'empire, la royauté, c'était la chanson de son berceau, la chanson de son enfance; il a chanté ce qu'on chantait autour de lui. Mais avec quels accents! Il ne répétait pas machinalement, comme nous tous à notre aurore, ce que nous entendions autour de nous, il était l'écho sonore des passions, des enthousiasmes qui l'environnaient; mais le jour où il aura affranchi sa pensée, dégagé sa personnalité, disposé de son libre arbitre, il pourra se retourner vers ceux qui lui reprochent d'avoir été ce qu'ils ont tous été eux-mêmes avant lui, les jeunes prisonniers de leur éducation première. et leur dire :

> Quoi! parce que ma mère, en Vendée, autrefois,
> Sauva dans un seul jour la vie à douze prêtres,
> Parce qu'enfant, sorti de l'ombre des ancêtres,
> Je n'ai su tout d'abord que ce qu'ils m'ont appris,
> Qu'oiseau dans un passé comme en un filet pris,
> Avant de m'échapper à travers le bocage,
> J'ai dû laisser pousser les plumes dans ma cage,
>
> . . . .
>
> Parce qu'adolescent, âme à faux jour guidée,
> J'ai trop peu vu la France et trop vu la Vendée,
>
> . . . .
>
> Dois-je crier : Arrière! à mon siècle, à l'idée!

Non, certes, il s'en garde bien, et la preuve c'est que, s'il a été napoléonien en 1813, bourbonnien en 1814, s'il a été tout ce qu'a été le siècle, si son esprit a été trompé quelquefois, il n'a jamais fait un pas en arrière, il a été toujours fidèle à la liberté en défendant le droit, à la justice en plaidant la cause des faibles, à la fraternité en soutenant les opprimés. Son œuvre a été une œuvre de bonté, de solidarité, d'humanité; il a tendu la main à ceux qui n'étaient pas encore armés pour les luttes de la vie ou à ceux qui en étaient les vaincus, réalisant, par ses actes et ses paroles, la grande devise républicaine : Liberté, Égalité, Fraternité; s'élevant au-dessus des passions changeantes des foules, ou protestant contre les abus de la force ou les intolérances des maîtres d'un jour par des cris de pitié et de clémence et donnant l'exemple de l'homme qui, dans cette guerre implacable des intérêts, des appétits et des égoïsmes, fait entendre les beaux mots d'amour, de pardon et de justice.

TABLE DES MATIÈRES

126-11. — Coulommiers. Imp. Paul BRODARD. — 2-11. (E. et F. 3e s. A).